大夏书系·教育新思考

智能时代的教育智慧

魏忠 著

华东师范大学出版社

目录

前言
智能时代何以需要教育智慧？ 1

PART / 1

慧谷
数字时代的实体价值

课堂还给人生，校园映射云影　3

教育三体，我本混沌，你别忽悠　10

教育即负熵，学校何耗散？　13

人工智能发力，教育如何护航新实体经济？　16

可计算社会的教育进化　19

如何从一个创客网站计算它的民科程度？　22

苏东坡的好运气　28

资源要富，活动要苦，评价要贵　31

AI教育的学科脑洞　37

教育者的偏差　40

差之毫厘不做丹　43

教育信息化的后发劣势　46

PART / 2

慧眼

信息时代的
设计变革

当大学成为一个景点，与公园有什么不同？ 55

信息视角的教育设计 61

网络时代的"观念之网"？ 69

记录学生，画像教师 71

弱水三千，只需一脑壳足矣 74

领域驱动的教育设计 77

审读句读：教师厚积，学生薄发 83

面向信息的数学教育 86

一代蝴蝶迭代一代蝴蝶，只有树知道 88

灵魂走得太快，却还是留下谶语作为路标 91

滥竽何以充数，小站可以练兵 98

信息是浪，知识是岸，学生为船 104

PART / 3

慧 心
智能时代的教育智慧

信息化如何让创新教育顶天、地、在人间？ 109

每个人心目中都有一个不以托马斯意志为转移的

   托马斯 112

只要有那么一颗心不动，教育的平衡就会存在 115

人工智能趋势视角下的未来教育 123

人工智能产业背景下的专业应对 130

代码已经成为文学 137

反扯淡与信息素养 143

实力赛场 150

当我们让孩子编程的时候，编的是思维逻辑 157

内化与外化 162

技术总是以想象不到的智慧

   捉弄原地张望的人 165

PART / 4

慧根

离散时代的结构定力

教育信息技术趋势图谱　175
智慧教育与认知的四个范式　177
保守的内在价值，信息的教育阈值　181
伯乐常有，而相马技术不常有　183
教育信息化要沉下心来，避免热闹　186
教育技术工具、教师、家长的教育责任　188
区块链技术下的教育价值　190
大数据教育的精细误区　197
信息化教器无形　200
教育信息化甲方的"九条军规"　205
过程与个体视野下的学习评价　213
甘蝇用空弓排课　216

后记
智能时代的教育智慧　219

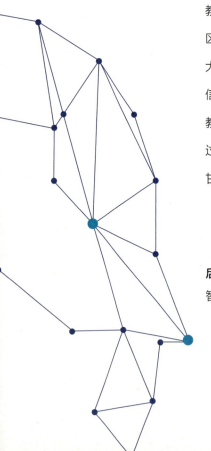

前言 智能时代何以需要教育智慧？

先说相隔刚好各一个年代的四件小事。

1980年，我12岁，就能自己去看医生了。一群医生正在聊天，看见我来了，很是惊讶，不但给我开了当时看来很紧缺的药，还鼓励我说："这孩子将来长大了不用来当医生了。"说这句话的原因在于，他们手中拿到了非常详细的药物词典。在那个年代，那些没有经过专业培训的医生似乎确实是看着药典用药的。

1990年，我22岁。一天晚上，我突然肚子疼，强忍着疼痛去了医院。这个时候，医院已经有点现代化的意味。由于肚子疼，我去了内一科，开好了药就回家了。两个小时后，剧疼不已的我又去了医院。这一次，我去了内二科，高度怀疑我胃溃疡的医生又开了一次药。又过了两个小时，疼痛反而加剧，我又去医院。这一次找对了，去了内三科，碰到了合适的医生。经检查，我患了阑尾炎穿孔，于是马上进入手术室做手术。

  2000年，我32岁，半夜肚子疼，直奔上海的瑞金医院，弯着腰就往内科冲，被牵制检查的全科医生看到了，直接让护士送我去泌尿科。这位智慧的医生一眼就看出弯着腰的我得的是肾结石。

  2015年，我又去了瑞金医院。这一次是小女儿高烧不止，去的是儿科病房。瑞金医院的儿科病房里多数是患白血病的孩子。我的女儿由于患上肺炎，超过一周都是39度以上，因而进了这个医院。一系列的科学检查过后，儿科主任最后还是查不出来到底是什么问题。当这个知名的儿科主任查房时对着自己的研究生们讲解时，我才知道在孩子治病这件事上是如此复杂和需要智慧。主任说，放在1980年，直接给这个孩子打退烧药；放在1990年，这个孩子会直接按照病毒、衣原体、支原体各种感染去尝试治疗；放在2000年，一个好的医生基本能直接判断孩子大致是什么问题，可以在基本检查后尝试治疗，这也是今天多数三甲医院的做法。但是，"同学们考虑过没有，高烧得到控制一般并不会让孩子有什么负面的问题，但是如果不知道为什么就把孩子的肺炎强制压下去，那么这个孩子下一次复发，我们怎么办？"非常感谢这位智慧的医生，孩子的病最后没有确诊，却真的好了。

  我一直在想，这些年来医学科技取得巨大的进步，所有的医生必须通过各种检查手段来精确地判断病情和提供治疗方案，为什么我们反而对医生的依赖越来越高了？

  2017年，计算机打败围棋高手李世石，人们惊呼人工智能已经全面超越人。然而，多数人有所不知的是，用于围棋的两个算法最初和最终针对的都是"治疗方案"，也就是通过人工智能为患者开药。目前，这种用机器开药的水平已经很高，统计数据显示，其水平已经高于一般的三甲医院。那么，人工智能的开药水平高于三甲医院以后，医生会失业吗？我想前面四个故事已经给出了

前言 智能时代何以需要教育智慧？

面对小女20天反复的高烧，瑞金医院用耐心的观察和爱心，治疗小女的同时也在教育一批拥有未来智慧的医护人员。

答案，那就是第一个故事中查药典的医生、第二个故事中需要轮番试验治疗方案的医生、第三个故事中一眼能看出我得了肾结石的医生会失业，而最后一个故事中的医生不会失业。随着医疗技术的进步，医生也在进步，也就是说，在技术的倒逼下，人的智慧会达到空前的水平。

医生如此，教师呢？同样是针对人，更为复杂的教育将呈现出什么样的未来呢？

一 人工智能所依赖的轴心时代

要回答教师会不会被取代，人工智能在技术层面如何替代教育，我们需要回顾一下人工智能的发展历史。如果说20世纪前30年是物理学大发展的时期，那么后世如果回忆后面的30年（即从1930年到1960年），可以称之为人工智能的轴心时代，因为几乎所有的厉害人物在这30年同时出现了。

一是一批哲学家和心理学家出现了。罗素、维特根斯坦、皮亚杰、歌德、西蒙甚至杜威都指出要研究人工智能，首先要研究人，知道人是怎样思维的，并对人的复杂性和不可测性进行哲学思考，探究真理论依据。这一批哲学家的同时出现，之前没有，之后也没有。

二是一批数学家出现了。如希尔伯特、哥德尔、纳什、冯·诺依曼等。人工智能所依据的数学理论和数学方法，已经不是 19 世纪的数学能够处理的。这些数学家也许在整个数学发展史上只是短暂停留，然而没有他们的同时出现，人工智能也走不到今天的这个位置。

三是科学方法论的层面：信息论之香农、控制论之维纳、系统论之贝塔朗菲计算机理论之图灵。他们互相影响，从科学层面奠定了人工智能发展的基础。此外，如协同论、耗散结构论、突变论等似乎和人工智能没有什么直接的关系，但如果没有这些，人工智能不但走不到今天，更无法走向明天。

四是人工智能交叉学科的研究，如生物学的研究、行为科学的研究、脑神经的研究、神经网络数学的研究。这些领域也产生了响当当的人物，如坎德尔、皮茨、克里克。

二 看似热闹的人工智能只是
知识轴心时代影响的应用爆发

以上四个层面人物所代表的人工智能的轴心时代，几乎奠定了所有人工智能发展的理论基础。20 世纪 80 年代以后，另一批人出场了，辛迪等代表的深度学习"四大金刚"，坚持和发展了皮茨的神经网络，实现了人工智能。他们之所以能够实现，并不是因为他们多么高超，而是因为他们足够坚持。用卡内基梅隆大学图灵奖获得者雷伊·雷蒂的话说就是："我们找到了深度学习的方法，也通过深度学习找到了好的答案，但是我们不知道是如何找到的。"

物理学中解决问题是分层次的。当分支的学科各自发展的时候，只能在本学科的积累上进步；当分支共同的节点产生革命性变革的时候，各个分支都会有突破性的进展。人工智能可以解决人类能够解决的问题，未来也能解决人类不能解决的问题，即"超智能"。就目前来看，人工智能在理论上并没有更大的突破，几个关键问题还没有得到解决：我们是基于硅基芯片模仿人，碳基芯片刚刚才被提出，而生命体的有机结构要高于硅基芯片几个层次，从这个角度上看，只要硅基芯片不改，人工智能超越人的可能性就不大。

信息和生命皆与量子有关，但是我们并没有对其进行更深入的理解。物理学家提出非常多的空间理论，量子理论也证实了量子的作用，甚至香农还预测了"信息子"的作用，但信息到底是什么，还需要理论进一步发展才能得出结论。

在人工智能时代，在隔行如隔山的教育领域，相当长的一段时间内还要靠教育的专业积累和教师的丰富经验。

三 "并不存在"的教育却需要教育的智慧

人工智能打败围棋选手，在这个模型中，我们将输与赢抽象得很清楚。然而，教育不一样，它不是完整的和可定义明确的事情。我们可以说"如何让学生考得分数高一点""如何让学生学会解这个难题"，甚至"如何在三个月背2000个单词"，但不能说这就是教育。教育在严格的定义中并不存在，对一个并不存在的问题，计算机是无能为力的，因为它仅能解决已经明确的问题，而不能解决没有描述清楚的问题。教育者的智慧在于，能根据教育场景不断提出问题，将不明确的问题明确化。

我们不能否认"考上一所好大学""学会一门课""学会一个知识点"这些明确任务的"还原论"的教育属于教育范畴，但必须承认好的教育并不是"将一串所谓好的目标集合起来就是培养一个好的人"。我们总是游离于系统论与还原论之间，人们教育认知的半径会不断扩大，教育的概念也会不断变迁，这时技术工具会发挥很大的作用。但要把教育推向一定的认知高度,只有教师才能理解和驾驭。

表1 钱学森提出的东方系统论

	物理	事理	人理
对象与内容	客观物质世界、法则规则	组织、系统 管理和做事的道理	人、群体、关系 为人处世的道理
焦点	是什么? 功能分析	怎样做? 逻辑分析	最好怎么做? 可能是? 人文分析
原则	诚实; 追求真理	协调; 追求效率	讲人性、和谐; 追求成效
所需知识	自然科学	管理科学、 系统科学	人文知识、 行为科学

不仅仅是教育概念变迁,教育的主体和客体也极具个性化。在一个高度个性化和场景化的行业中,"智慧"极为重要。我们试图用人工智能的专业理论去解释一些事情。40年前的钱学森发现,东方人并不习惯这种表述。对于东方系统论的方法,中国人不是按照西方的学科方法,而是更习惯于按照"物理、事理、人理来表述,如果非要加上科学原理,他们更喜欢把哲学称为道理"。如果是这样的话,我对本书的表述就是:

物理上,人工智能依托计算机和物联网大数据技术将世界联系起来。

事理上,人工智能通过数学和程序运算代替人的行为,甚至超越人的行为。

人理上,人工智能的发展会带来很多伦理和不适,引起人们的恐慌。

道理上,技术迟早会推动人类进步,人的大脑的处理机制高于计算机,计算机代替人的可能性不大。但如果你停留在低级的机械能力,就会被替代。

是不是上面的表述学生更容易接受呢?但是它不太专业,学生不习惯没有正确与否,在教学中,要能够被接受才行。在东方思维和西方思维之间,教育者和受教育者也有极大的区域差异和族群特点。教育不仅仅是师生之间的事，还是社区、经济社会、文化信息传递的事，更要能有效持续，适应各种社会现实。而这种社会现实需要求助于在文化中游刃有余的人，也就是智慧的教师。

那么，什么是教师最能够做和应该做的呢？和智慧直接相关的就是人理和道理。韩愈说"传道、授业、解惑"，传道和解惑都需要智慧，需要人的智慧，需要与情境高度相关和及时反应。从这个角度上说，教育永远不会消失，学生对教师的依赖会更强，因为人是倾向个体独特的社会动物。

技术总是在变化，其实是我们低看了藏在技术背后的人以及人的进化。从系统论的角度看，环境的复杂性造就了生物的多样性和适应性。物理学家薛定谔一直思考生物学为什么不符合热力学第二定律，直到耗散结构理论的出现，才有了最终结果。生命的这种现象造成的信息传递太过复杂，每次单一的技术进步总是让人们怀疑生命的效率，而当使用了技术工具，人又会作为智慧复杂的生命体表现出高度智慧的适应性。这种适应性总是让技术望尘莫及。

PART / I

慧谷

数字时代的实体价值

课堂还给人生，
校园映射云影

| 云技术与教育心经

讲三首诗，来说说成长逻辑、思维逻辑、技术逻辑和教育逻辑。

| 观书有感 |

朱熹

半亩方塘一鉴开，天光云影共徘徊。
问渠那得清如许？为有源头活水来。

朱熹：我注六经，你读书

公元 1196 年，饱受党政困扰的朱熹逃到了江西赣州，在学生的帮助下，在这个美丽的园林里住下来，写下这首《观书有感》。天光为理，云影为气，湖面为镜，活水为书，天上的云影、眼中的景色映射在头脑中的是道。云影为何徘徊，规律如何与人心互动？朱熹深感人间正气需要存天理、灭私欲。因此，曾为帝师的他想到了"统一思想、统一教材"。朱熹要明视听，所做的是为"四书"做注，以"四书"为抓手，以经注为教育方法，以格物致知为核心,构建一元化教育主体思想。

朱熹"名师、进士、游历、争斗、帝师、全才"的成长逻辑注定了他的思维逻辑,而他的思维逻辑又融入他的教育逻辑——先知后行、格物致知、人不重要天地真理重要。朱熹是这样想的,也是这样实践的。朱熹的教育太简单实用和工具化了,以至于元明清三代照搬无误,成为中国创造力最低的三个王朝。这是朱熹万万没有想到的。

朱熹成为那个时代的高手,不仅是因为他的聪明,更是逻辑和技术发展初期的必然选项。朱熹的选择至今在教育技术和教育界阴魂不散:既然沉重、繁杂的知识太多太重,就不应该每个学校一套说法、每位教师一套说辞,用大一统的物理集中共享方式,能够节省社会资源和高效率地统一思想。朱熹自认为师出名门,将"四书"作为圣典,学生如有读不懂的,读自己写的这套教科书和参考资料就足够了,省得无数教师和学校误人子弟,培养奸臣。朱熹这种物理集中、逻辑分散的思路,在技术上也就是主机虚拟化。这种逻辑应用于教育造就了科举的"八股","标准化"了考试和录取制度,延伸到今天就是我们常见的全国统一高考、超级学校、精品课程、教育资源库、虚拟仿真中心、国家示范中心、名师课堂以及自上而下的优质教育资源普及等。

教育技术只是工具,技术背后的逻辑才是理、气。朱熹说,我们如是学,不舍昼夜。收回师生在课堂上的权利,再好的信息化也会成为工具,再好的教育技术也会成为空壳。

| 读 书 |

陆九渊

读书切戒在慌忙,涵泳工夫兴味长。

未晓不妨权放过,切身须要急思量。

陆九渊：我注六经，六经注我

朱熹在洋洋自得中，有一人却表示不服："我敬仰你的为人，但不同意你的观点；我同意你的目标，却不赞同你的路径。"公元 1175 年，鹅湖之会的陆九渊还是对自己的学生写下了以上这首诗——《读书》，实则讽刺朱熹。与朱熹对个人的重度包装不同，陆九渊是九代贵族，因此他不需要突出自己读书。陆九渊连个像样的老师也没有，但学问和政绩一点也不比朱熹差。

成长逻辑带来的思维逻辑反映在教育逻辑上，陆九渊的这首诗和朱熹所推崇的多读书的"源头"与"经典"有完全不同的看法。陆九渊同意朱熹所说的"读书人所达到的至理"这一观点，但路径却不同。陆九渊认为，每个人的天性不一样，要循序渐进，读不下去的书暂且放过，但是关系到学生切身利益和自身感受的不能放过。他不认为读书是一件苦差事，更不认为读书只是识字，他认为读书是一个过程，一个灵魂修炼的旅程，是一种游历。陆九渊的观点来自九代家传，家里年轻人都要轮流管理家族事务，从小事上自然就能体会到精髓，再去读书自然理会得好且快。

陆九渊的哲学来自家学和小事，哲学上心即理，教育上则注重家庭教育和潜移默化，这反映到教育上就是倡导减负、小班制、精英教育、快乐教育等。从技术逻辑上讲，如果说朱熹走过云的第一阶段主机虚拟化，那么陆九渊的逻辑则是典型的客户端虚拟化：每个学生不必有一台沉重的电脑，也不必非要去机房，书包也不必那么重。学生可以将适合自己的书以个性化的形式放到后台，使用时可以选择笔记本、手机或平板电脑。

陆九渊的"教育心学"直到今天仍具有极大的教育意义：移动学习、即插即用、互动教学、翻转课堂、智慧教室等。如果我们将教育定位于不让一个学生掉队，如果我们假设教育和学校有一个全国统一的基线标准的话，陆九渊无疑是朱熹的升级版。今天各个校园和教室里诸多的信息化，虽不能大规模提高升学率，但是学生确实喜欢，更重要的是学习不一定那么苦了，知识和社会现实不一定那么远了，学习效率确实也有可能提高了。

陆九渊试图从形式上掩盖和回避教育的目的和意义，也从校园中收回师生的权利，在光怪陆离的信息化和教育技术工具中，不仅不能面对校外的真实世界，就连面对朱熹训练出来的功底，也很快就败下阵来。

| 示诸生 |

王阳明

尔身各各自天真，不用求人更问人。

但致良知成德业，谩从故纸费精神。

王阳明：心即是经，何须注

300多年后，明朝有一个人对朱熹产生了怀疑：将自己家的竹子"格了又格"，极其认真，却什么真理也没发现。他对陆九渊也产生了怀疑，"真有什么每个人都一样的真理吗？真有什么先有知识，然后指导行动这回事吗？"换成今天的话说，"你们忽悠了几百年，怎么考上大学和成绩好的学生毕业后混得都不怎么样嘛！"

这个人叫王阳明，这首诗是他在安徽滁州办夜校时讲给学生的。这首诗就是说，朱熹说要读好书，陆九渊说要细读书，而王阳明问："什么叫书？什么叫教室？什么叫校园？"你们说那么多，知不知道每个学生都是不一样的，每个学生读的书也未必一样，每个学生将来成为什么样的人也未必一样，但每个人都是天才，每项真理都在知行之中。

王阳明的"致真知"，不是简单地将孟子和孔子的理念嫁接起来，而是来自对自己成长逻辑的深思熟虑。也许王阳明根本就不需要名师，因为他的父亲就是名师；王阳明也不需要反复咀嚼读书的先后次序，因为他过目不忘，根本不懂陆九渊所说的。考上进士后的王阳明不再追求所谓的读书，而是怀疑"读书是什么，干什么"。

比王阳明小三岁的米开朗基罗有一句名言："塑像本来就在石头里，我只是把不要的部分去掉。"王阳明终于发展出自己的一套思维逻辑，即"无善无恶心之体，有善有恶意之动；知善知恶是良知，为善去恶是格物"。这套逻辑在教育学的自然表现是：人生下来就是无善无恶的，本身就是一个天才，教师将孩子身上裹着良知的泥土顺势冲掉就行了，而获得每个人的天真，需要自己的实践。好的教育的目的是什么？作为人有灵心动了，就有善恶，有了善恶，学校就有事做了，即让学生知善恶，而知善恶的目的是发扬学生身上的善，避免人性之恶，其间人不实践是不行的，学校不与外界交流也是不行的，这该怎么办呢？该实践还要实践，执行力和实践是修心也是教育的另一面。

如果将王阳明的思维逻辑延伸到技术逻辑，那就是：无论是朱熹的主机虚拟化，还是陆九渊的客户端虚拟化，都要有一个有形且全面的操作系统，将成体系的软件程序预装在里面。而按照王阳明的逻辑，每个人都是天才，不必也没有必要成为别人眼中的一个体系，一个应用仅仅是一个应用，没有必要把整个操作系统放在一个没有必要的应用中去拖动。那么，能不能定制和封装一个个性应用需要最小量的环境呢？而应用虚拟化就是这个思路。例如，我们过去按照朱熹的思路去学《论语》的虚拟化课件，要到教育部信息中心寻找《论语》专属服务器去学习；按照陆九渊的思路，要通过省市教育厅的学号登录数字化门户系统访问自己拥有的资源；而按照王阳明的逻辑，我们只要关心是什么问题，如果《论语》能回答，那么就对微信说句话，得到结论后就可以关了，至于《论语》的表现形式是中文还是英文，是语言还是文字，都不重要，知行统一才重要，文字是蹩脚的使者，心才是智慧的主人。

我们传统的看法是，校园之所以存在，也许是因为学生太小没人照顾，又需要和未来接轨，教师存在也许是因为学生未来成长需要教师来施肥。按照这个逻辑走下去，为了更好的未来，朱熹就把校园变成一所监狱和超级学校，陆九渊就把学校变成一个声、光、电的剧场和信息化展示中心。王阳明不这样认为，他不认为花朵努力开放只是为了成为果实，他认为花朵本身就很精彩，他也许还认为一块璞玉本身就是玉，一旦有人心动，就有了价值，就有了好坏。设计师能干什么？把玉本身好的部分留下来。如果沿着这个教育逻辑走下去，今天的一些概念——智慧校园、创客空间、智慧实验室、学生创业、校企合作、柔性课程、弹性学制，都是知与行的统一，更是精彩的校园。也许王阳明会问我们：为什么要有教育呢？为什么要有学校呢？他笑话朱熹读死书、死读书，研究伪问题，他笑话陆九渊本末倒置，他痴痴地看着我们。用实践行动回答这些基本问题就是：课堂还给人生，校园映射云影。

2017年，美国华盛顿大学得到1亿美元捐助，决定建计算机楼。这一天，微软、谷歌等得太久了。这1亿美元到位后，华盛顿大学计算机专业的毕业生人数每年从400人增长到600人，但仅微软公司每年就需要这所名校计算机专业的毕业生800人。为什么华盛顿大学不为了多培养一点有用的学生而扩招呢？华盛顿大学计算机课经常是400人的课堂、1000人的考试、20人的实验室、5人的答疑，为什么不把实验课扩大为100人一个班呢？当然，华盛顿大学就其教育来说有多年的经验，自有其道理，更重要的不在于此，而在于华盛顿大学的整个课程体系、培养体系、研究体系、选拔体系、信息系统都与个性相连，是围绕各个专业而进行的应用虚拟化系统。如果你只想拿一个华盛顿大学的毕业证，那么你可以都修音乐欣赏，修满40个学分即可，但都要及格，毕业找不到工作是你的事，只要你快乐；但如果你想毕业后找到年薪15万美元的工作，那么你就去这座大楼，每天晚上做实验和作业到凌晨3点，每门课基本上还要考85分以上。学生选择什么样的人生在于自己，学校只提供了一种可能，学校既不会被功利化绑架，又不会无视环境因素。柔性课程、弹性学制、全选课、全课程平台、全课程体系等，学校提供了一个表面无为、背后平台的支撑系统，课堂还给人生，校园映射云影。

一个为了申请计算机专业，拼搏了两年的学生告诉我："我试了很多次了，不拼计算机了，因为我不是那块料，最近在拼信息专业。"

教育是个道场，不仅要把学校还给师生，还要还给人生：外面的世界多精彩，校园的世界就多丰富；外面的世界多残酷，校园的学生就多孤独。

课堂还给人生，校园映射云影。

教育三体，我本混沌，你别忽悠

信息第五方

汉《神异经》混沌形象

　　南海之帝为儵，北海之帝为忽，中央之帝为混沌。儵与忽时相与遇于混沌之地，混沌待之甚善。儵与忽谋报混沌之德，曰："人皆有七窍，以视听食息，此独无有，尝试凿之。"日凿一窍，七日而混沌死。

——《庄子·应帝王》

先讲一个2000多年前的故事：有三个上帝，一个叫有象，一个叫无形，一个叫混沌。有象和无形家住在南边与北边，经常到住在中间的混沌家做客。混沌非常善良好客，弄得有象和无形总是不好意思。两个人就商量为这个善良的"白痴"做点什么。有象和无形长着鼻子、耳朵、眼睛，混沌七窍未分化，于是，有象和无形就用了七天七夜为混沌凿出七窍。但等到第七天，混沌张开双眼，一下子就死了。

这个故事收录在《庄子》一书。不过，我将故事的两个主人公"忽和倏"改了一下名字：有象和无形。由于有了庄子讲的这个故事，后面也就出现了一个著名的词汇：忽悠。它的本意是指好心办坏事，给人出主意让别人失去自我而害死人。

这个故事用在教育界再合适不过。家长无形，学校有象，学生质朴而又混沌，好心的三者之间互相影响。经常听到某著名大学的校长说，"学校不应该教学生知识""大学不应该教任何技能""真正的教育就是……""为什么人文教育比科技重要得多"……除此之外，我经常还会收到教师和学生家长转来的帖子——《耶鲁大学校长怒斥……》《哈佛大学为什么不……》《教育就是……》……我毫不怀疑写这些帖子的人如忽如倏充满善意，希望凿开未分化孩子的七窍，但我怀疑的是，谁真的按照这些去做了，还真的把孩子给害了。

雨果奖，科幻艺术界的诺贝尔奖，第73届雨果奖被一个叫刘慈欣的中国作家凭借代表作《三体》获得。《三体》中一个最基本的问题是，为什么有三个太阳的地外文明就毫无规律，其实很多人就没看懂。1900年，数学家希尔伯特提出人类的23个数学难题，其中最著名的就是费马大定律和三体问题。简单地说，三体问题就是三个假设质量和形状一模一样的星体在万有引力的作用下自组织运行，知道初始条件后，能否知道后续的状态。三体问题难坏了无数科学家。三体毫无规律的运行状态使得科学家拿这个 18 阶微分方程束手无策。科学家只能得到三体问题的特例解以及近似解。特例解成为一种解决三体问题的模式，而近似解由于边界条件微妙差距会造成计算巨大偏差，被称为"CHAOS"。

事实上，CHAOS 本身就是古希腊类似于混沌的一个原始神，专业翻译也翻译成"混沌"。

如果说学校（教师）、家长、学生分别代表了吸引力大小一致的三种星体，那么它们之间的相互作用和相互影响就形成了教育。总体来讲，教育三体之间也是混沌、不可预期的。千百年来，教育模式本身就是找到了不可预测的教育三体中的特例解。当学生、教师、家长是特例人群时，某种教育是可以示范的，是有一定规律的。然而，我们在谈一种教育的时候，不要忘记它的特例场合和应用场景，离开三体的特例，泛泛而谈"耶鲁大学校长……""教育不教……"这样的帖子就是耍流氓。

放在更加广泛的情景、没有特例的情况下，我们只能找到近似解。然而，由于混沌和高度未分化，在有象和无形的作用下，预测孩子的成长成为一件具有较高风险的事情。

今天的教育，事实上并不像三体那么混沌，因为还有政府（教育局）的强势参与，还有信息及信息技术对学校、教师、学生的高度影响，这些影响并不会将教育变得更加复杂，它们的介入，会使教育高度秩序化和结构化，教育规律更加清晰。

教育即负熵，
学校何耗散？

与自己捣蛋的远亲爱迪生不同，香农不仅小时候捣蛋，老了也捣蛋。

　　17世纪，美国有一个著名的殖民头目约翰，他有很多有出息的子孙。其中一个叫爱迪生，是个发明家，还有一个叫香农，是信息论之父。

　　香农是信息论之父，他提出了香农公式：$C=W*\log_2(1+\frac{S}{N})$（bit/S），其意义是对各种机械、电子、噪音、信号、文本、声音、图像等毫不相关的东西的传输给出一个基本的规律以及一个词汇：信息。香农的这个发现，使人类对信息论有了全新的认识。从此，信息学独立于或者高于信息载体成为一种元学科。根据热力学定律，熵是增的，在信息领域，熵也是增的，而且等价。

薛定谔说：生命以负熵为食；香农说：信息即负熵；杜威说：教育即生长。三个人说这三句话几乎是同时代，教育如同阳光和引力，让学生内心按照负熵模式高度有序，那么，作为阳光和引力的教育机构，在远离平衡态的现代社会中生存，学校何耗散呢？

至今还有人痴迷于深山老林修炼和封闭的四书五经教育。类同第一种情况，在一个完全的孤立系统中，教育作为一种负熵行为是不会发生的，信息最后达到完全无序，信息无序，文明和教育也不可能独存，前些年经学教育的惨痛教训可见一斑。

第二种有点像传统社会的K12教育，只要保证温度足够低（教育标准是基础不变的教育、养育为主、安全幸福为主），教师的配偶是教师，教师的子女是教师，只与外界发生能量交换而不发生质量交换，平衡会发生，超稳定的教育就会存在。

第三种有点像今天的职业教育、高等教育、培训机构等现代教育机构。教育目标与环境密切融合，教育中的质量、能力与精彩世界水乳交融，唯一能产生稳定的是耗散结构。学校可以是一个耗散结构，它是有机的，充满活力的，却是不确定和进化的。

好了，我们回到爱迪生和香农所需要的教育。由于养育这两个高标准的人所需要的耗散结构（而不是一般意义的标准基础教育），需要从环境摄入高级形态的能量（发明、商科、工科、文学、时代信息），将低级形态的能量（物流、生活、食物、绿化、校舍）排给环境，耗散的稳定是以环境的无序（捣蛋、混乱、故障、爆炸、爱迪生孵小鸡、香农玩杂耍）作为代价的，学校比家庭更能创造这样的耗散结构以满足天才的发展，因此大学更容易复制天才的学生，而约翰家族400年才出现两个科学家。家庭不容易持续产生人才高地的原因还在于，大学可以按照自己的标准从环境中摄入高级形态的教师（如爱迪生妈妈和香农妈妈那样的），排除低形态的教师（退休的和不合格的），但是约翰的子孙们不能随便选择和辞退自己的父母和妻子。

  2000年至今，教育机构不但没有消失，反而形成了更加复杂的生命形态（如胎教机构、幼儿园、小学、初中、高中、大学等），这些教育机构需要从外界吸收越来越高的形态的能量（稳定的、创新的、全球的、及时的、社交化的、体验性的），将低级形态的能量（社会服务、教育配套、网络信息支持、教育技术支持）释放出来，这种稳定的耗散教育也是以环境的无序化（公司消亡、网络普及、大家庭甚至小家庭的解体、婚姻的短暂化）作为代价的。

  也就是说，虽然我们重视家庭的作用，但是随着信息化的发展，家庭结构可能发生变化，而学校将永生。

人工智能发力，教育如何护航新实体经济？

1992 年，中国钢产量 7000 万吨，2016 年在控产的情况下，10 亿产能产了 8 亿吨钢；1992 年，中国水泥产量 3 亿吨，2016 年为 25 亿吨。中国工业化的真正完成，意味着人们在吃的、用的诸多方面已经进入全面过剩时代。这个时代完结的表面现象是实体经济的萎缩。这是经济发展的结果，而不仅仅是经济政策的影响。

从 20 世纪 70 年代开始的第三次工业革命有很多相关的提法：信息浪潮、新经济、工业 4.0、大数据、互联网 +、新硬件时代。这些概念事实上是信息技术越来越深入地融合到产业中去，最终产生革命性的变化。与物联网、互联网、大数据一样，人工智能作为一项综合性和影响深远的技术，或多或少也符合技术概念的炒作曲线。然而，周期越来越快，多年前的互联网泡沫、前几年的物联网泡沫、两年前的大数据热似乎还未消退，变革的事实忽然就到来了。而此次人工智能是否会让很多人失业的争论才刚刚开始，却被毫不犹豫地写进政府工作报告。可以预见的是，人工智能比以前的技术会更快地改变产业生态和走出概念期。作为一项国家的政策要考虑的是，要抓住机遇改变追赶技术变革的被动局面。

人工智能是一系列由电子和计算机、脑神经和生命科技、数学、信息学、控制技术等组成的综合技术，其出现已有超过50年的时间了，但从2006年深度神经网络重燃热点后火了10年，似乎还没有消退的迹象，一些领域的成果，已经飞快地代替传统产业：语音识别代替翻译，图像识别代替人眼，黑灯工厂机器人代替工人……有些成果一旦出现，似乎就会对传统产业产生摧枯拉朽之势。2019年"两会"中，实体经济的衰落成为大家讨论的焦点。那么，实体经济的振兴到底是沿着原先的路，从10亿吨钢继续走到20亿吨去污染环境、产能过剩而仅获得少量就业的维持，还是有更好的办法呢？人工智能作为一项基础性的融合技术，将传统产业、互联网、新技术紧密结合在一起，在不增加社会实体单产过剩的前提下实现产业升级，且比互联网、物联网更能优化整合产业链。人工智能似乎是产业升级和弥补新经济及传统经济的裂痕，并最终升级成为新实体经济的技术融合之道。

产业革命，教育先行。教育如何符合甚至护航技术经济时代？比起以前，人工智能时代似乎使得假冒和仿制更难生存，更需要教育培养"硬"的技术基础人才；从人工智能的产业链来说，科学、技术、工程、数学等学科将起到更重要的作用；生物、电子、数学、物理、化学、计算机、信息等学科将起到更加重要的作用，并要求教育尽快具备融会贯通的能力。在这种情况下，一方面社会对核心技术越来越依赖；另一方面对应用型和整合性教育也有更大的需求。原来学校以学科为单位的教学体系，势必发生以核心基础和统整应用为"双轮驱动"的教育变革，而一些不适应和被替代的工具型与浅应用的学科势必会受到冲击。一些工具性学科，要充分意识到人工智能对人作为重复劳动价值的替代作用。例如，人工智能对外语教育的冲击可能比预想的要猛烈。作为沟通工具的外语，将让位于语言文学和跨文化欣赏的外语。相比起教日常口语，未来的英语教师可能更多地教英语文学和艺术。

人工智能的发展使我们的生活更美好，但也会带来科技发展所引起的悖论：越来越少的精英生产越来越丰富的社会财富，而越来越衣食无忧的普通民众，正在失去作为人的体面劳动的价值和尊严。问题的关键要从教育着手，着眼于培养未来 20 年产业所需的人才。基础教育突出学生的综合素质和科技素养，高等教育中进一步做好学科融合和专才培养，是重点改革的方向。

可计算社会
的教育进化

　　每年7月，来自全世界的2000多名青少年足球选手汇聚荷兰，在阿贾克斯青训营碰一碰运气。为期一个月左右的训练结束之后，阿贾克斯会留下来很少的球员，这些明日之星就开始了正式的阿贾克斯体系的训练。比起英国的曼联，阿贾克斯全部球员100年的年收入总和，也许还比不上曼联一个球员的转会费用，但这并不能抹煞阿贾克斯总在欧洲赛事上为曼联带来"麻烦"的成绩。阿贾克斯用这些"麻烦"来证明自己球员的价值，进而获得卖掉球员的收入，这些收入再补贴那些基本不用掏学费的青训。对于曼联来说，球员的教育是成本，因此只选贵的；对于阿贾克斯来讲，球员的教育是利润，只选对的。

　　曼联和阿贾克斯的培养模式其实预示着今后教育的两种状态：组织起具有价值的人才的公司和以培养有价值的人才为使命的公司。而这一切源于一个词——可计算社会。

　　球星的价值是可计算的，前锋、后卫、中场、守门员，他们的价值随着投入他们的边际效应而定。在曼联，一个球星的身价可以达到2亿欧元，并不是这个球员真的值这么多钱，而是在曼联能达到这样的边际效应；而在阿贾克斯就只能卖球员了，因为同样一名球员在荷兰不会有那么多广告收入。由于职业联赛模式已经成熟了近百年，因此每位球员有他的市场价值，非常清楚和明确，不但他们"可计算"，围绕曼联的所有职业经理、广告都可计算。在曼联这种可计算的体系里，球员只有拼命踢才有价值。

然而，到了阿贾克斯，球队价值的计算却有另外一种逻辑。每一位在阿贾克斯训练的球员想多踢球并不容易，球队的价值在于免费提供给他们非常好的训练条件和训练体系以获取其增值，所以这些球员身体健康、不受伤是至关重要的。阿贾克斯精确地为每位球员在每个季度控制各种身体指标，为的是今后卖个好价钱。

随着社交网络、可计算社会、区块链技术的发展，如果说每一个人的价值都可计算、可交易和评估，那么企业的价值何在？在可预见的将来，企业和教育机构也会协同进化，未来的企业也会有两种形态——曼联类的组织资源的资本金融企业、阿贾克斯类的培养员工的教育类企业，而教育逐渐为这两类企业配套，曼联类企业也需要阿贾克斯类企业的配套。

王总最近一直操心如何才能满足他的 B2B 客户提出的一个特殊需求。按照这个客户的需求，一般用户不会超过 500 个，但这回这个客户有一个特殊的应用，需要同时并发 30000 人。用传统的方法显然不行，王总花了 18 个月都毫无进展。这时王总的女儿在猪八戒网上找到一个兼职的网管员，收费 6000 元就连技术架构和软件代码全部交付。人员的社会化、交易的扁平化，使得今后的人力资源不仅可计算，并且可分布、可拆散。在今后的社会形态中，也许曼联之类的企业会遇到更大的冲击，而平台上的人才在不附属公司的情况下会创造更大的社会价值。然而，平台上的"标准化""创新型"人才，是需要大量的基于"真实赛场"选练出来的"阿贾克斯"类的培训才能成功的。

从 2017 年开始，中国的研究生招生制度发生重大变化。全国统一的试卷使应届生具备考研的巨大优势，逐步增加的工程硕士的比例让很多硕士点有了校企合作的机缘。西安电子科技大学计算机学院以此为契机，与 10 多家科研单位合作，将研究生课程压缩到半年，另两年半由校企联合培养，基本上是在企业顶岗实习。学生通过校企合作的网络课程修满必修课程，生活费和学费由企业提供，企业也由此获得员工稳定的3～5年的时间。事实上，这种合作模式在德国有着非常悠久的历史，也取得了很好的效果。通过研究生入学考试这种"选秀"和强度不大不小的"实战性培养"，学生从纯粹的学习变成实践性和研究性学习。他们入企业到出企业的增值，由企业成本变成企业招人难、培养难、稳定员工难的利润。

今后，由于可计算社会员工价值的凸显以及交易成本的降低，那种培养效率高于社会平均效率以及"高校型""阿贾克斯型"的企业，将具有更大的生存空间。

如何从一个创客网站计算它的民科程度?

| **语义与本体**

中国科学院物理研究所的历任所长被前来上门挑战的民科搞得不厌其烦,总是有人声称发现了相对论的漏洞等。据说有一任所长苦思冥想,终于找到一个好办法,即让门卫学会25道比较难的高中程度的数学题,遇到前来挑战的民科,只要连续做对5道题就可以到办公室挑战。而自从这个方法实施后,就没有一个民科成功地走进所长办公室。

当我们说到"民科"这个概念的时候,物理研究所的所长已经有了可测量的模型,即研究物理学至少需要具备高等数学的知识,且中学数学要优异。因此,所长用数学题来筛选民科。然而,门户网站又将如何区分主页君到底是科学家还是民科呢?

1984年,29岁的工程师蒂姆·伯纳·李进入李政道领导的欧洲原子核研究所工作,他接受了一项极具挑战的工作:为欧洲不同国家的科学家建立一个远程计算机协作系统。蒂姆端着咖啡在紫丁香花丛中沉思,盛夏幽雅的花香伴随着醇香的咖啡味飘入实验室,刹那间,蒂姆脑中迸发灵感——人脑可以透过互相连贯的神经传递信息(咖啡香和紫丁香),为什么不可以经由电脑文件互相连接形成"超文本"呢?1989年12月,建立在超文本标记语言基础上的国际互联网诞生了。不同的用户通过统一的数据显示成网页，如今已经让人类进入了一个新时代。蒂姆领导的国际组织并没有停止，他把网页反过来，如果能将高度抽象成标准的可扩展的数据格式，再变成可经数学计算和分析的数据的话，就可以传输和分析了。也就是说，把网页抽象成数据形成的标准叫 XML，这与网页语言很像，但作用不同。

XML 和 RDF 以及本体论结合在一起，诞生了语义网络。今天，语义网络成为网络人工智能的基石之一。首先打个比方，蒂姆的个人网页上如果写着"他的父母是数学家，曾经参与世界上第一台计算机的研发，他小时候就跟随父母用电络铁和微处理器以及旧电视机制作计算机并非法闯入敏感系统，且毕业于牛津大学物理系"，如果你得出这个网页的主人是科学家的结论，而且你不知道背后是一个人看了网页还是计算机自动给出的，那么，这个系统就通过了图灵测试，即具备了人工智能。例如，万维网和语义网技术不仅通过了图灵测试，还获得了 2016 年计算机的最高奖——图灵奖。

接着，如果我们对科学家这个结论的另一反向词汇"民科"作一个测试，就更能说明问题了。《重磅，中国科学家发现电荷并不存在，将改写教科书》，是 2017 年特别流传的一个帖子，如果我们把这篇文章转成 XML 语言，利用文章中的关键语义描述 RDF 属性，即中国科学家、重磅、改写、教科书、真理、电荷、诺贝尔奖、胜利、院士、第二作者等，且这些关键词的强度值相当大。

最后，我们利用本体论的逻辑判断。例如，一个网页中 RDF 频度和强度均高于正常网页的 8 倍，那么就可以给这个网页一个语义的定义：民科。如果大家仍有兴趣，可以试着将业余科学家和发明家及其工匠进行语义定义，大概会得出一个处于科学家与民科的中间值。

从哲学上说，科学家、发明家和民科的严格定义确实不存在或者有极大争议。但对于信息学界，我们可以通过大数据与人工智能的方法，基本判断一个人的各种信息，并得出他的语义指数。

例如，创客这个词汇，如果从本体上考虑，一般来说，它是STEM——科学、技术、工程、数学。其中，科学比较清晰，我们有很多办法，从元学科再到二级学科，最后到知识点构成科学的知识体系，如物理、化学、生物、地理、天文等；技术是使用工具提高人类的能力，与科学密切相关，但不一定非得把科学弄清楚；工程是组织技术的优化和管理能力；数学是超脱科学的形而上的能力。创客教育可以是引发学生STEM兴趣的一种活动，但是如果舍本逐末，就会远离创新的本体，走向科学的反向——民科。

科学是用证据证明的。爱因斯坦说，人类科学的产生，一是来源于古希腊的形式逻辑，二是来源于伽利略时代的实证。而所谓民科，就是不关心和不面对人类科技的积累与进展，拒绝和科学家对话，不遵守科学工作者的共同范式（形式逻辑），经常混搭科学与宗教、文化、艺术、哲学以及概念体系，其在文本表示的语言的资源属性有以下特点：

1. 特别喜欢使用形容词和情绪化词汇，重大、颠覆性、阴谋、爱国、民族、贫困、坚守等形容词使用频度很高；

2. 动词的丰富度不够，喜欢使用极度性的动词，如挑战、叫板、破解、颠覆、打压；

3. 学科名词相当集中，如哥德巴赫、量子力学、相对论、光速不变、罗伦斯变换、绝对时空观、永动机、万有引力、哥德巴赫猜想、费马大定律、四色定律、黎曼假设、进化论、转基因、免疫、酶；

4. 愿意使用权威名词和新名词，且经常混杂着心理学以及不同学科有歧义或者不同理解的名词，如院士、诺贝尔、教授、爱因斯坦、牛顿、中科院、战书、学术难题。

虽然在哲学概念上区分"民科"和"科学"并不是一件容易的事，但是训练有素的人能按照语义逻辑，基本上很快区分科学或者民科。我参加过的一些中小学教师或者企业主办的创客群，发言人转的文章经常让我很快就能判断这个人的民科倾向。按照蒂姆的语义网络技术框架，对于较有深度的文章，可以用人工智能判断，而浅的则可以用模式匹配方法。最终得出，正确的教育应该是直指创新的 STEM 的特征值的。

值得指出的是，现实中，确实存在严谨的科学家被当作民科，或者民科披着严谨科学的外衣行骗。前者最典型的例子是著名量子生命科学家、英国萨里大学的吉姆·艾尔-哈利利教授，他喜爱科普和跨界，喜欢在媒体上出现，即使他身为著名的物理学教授，合作伙伴是著名的生物学教授，且拿到了英国政府的严肃的、高层次的科学基金，但是由于他们提出的理论太过颠覆，所以在很长一段时间被指责为民科。然而，"科学"和"民科"最大的不同不在于是否被误解，而在于艾利利教授后面的做法。吉姆·艾尔-哈利利教授一方面遵守标准的学术范式，发表严肃的学术文章进行形式逻辑的验证；另一方面不断寻找证据证明自己的观点。

而民科很可能会将量子力学的科学与佛学、心理感应以及王阳明的哲学混搭，而吉姆·艾尔-哈利利在他的《神秘的量子生命》一书中，一再强调量子生命的超距作用和心理感性或者哲学毫无关系，它是一种能够被验证的科学现象。

在民科和科学之间，还有一种很长的灰色地带，我们姑且称为业余科学家层次。电视节目《我爱发明》，其中的发明人就是一种比较典型的业余科学家。发明家、工匠与科学研究有很大的不同，发明家和工匠可以在一个熟悉的领域浸淫很长时间，熟能生巧，有了发明，而科学研究必须在掌握系统科学理论和基础知识后才能有新的发现。"业余科学家"与"民科"最大的区别在于是否接受科学的范式和专业评议。《我爱发明》栏目有一个很有意思的设计，就是让行业资深教授当评委进行审计和点评，这一点很重要，这是避免创业成为民科的关键一环。有时候，业余科学家在专业的指导下，甚至可以成为顶级的专业科学家。

1978 年，一篇介绍陈景润的文章《哥德巴赫猜想》在那个时代的青年中广为流传,受其鼓舞,一些人成为科学家,一些人则成为著名的民科。那年,我16岁的哥哥魏飞开始研究数论,爸爸因势利导,将自己30年前的从高中到大学的数学书给了他,两年时间,他完全自学完成了大学的数学,父亲当年也没有把握,大哥到底是民科还是科学学。1980年的全市数学竞赛,魏飞的答案几乎都是对的,但是评卷教师发现这个学生用的是高等数学方法解决初等数学问题。今天的魏飞已经成为著名的化学家、清华大学教授。1988年,父亲到大学看我,检查我的数学成绩,我把37分说成73分,结果被父亲训斥一番,说我"数学怎么能那么差"。非常窘迫的我后来找到读博的大哥出主意。大哥对我说:"没有什么诀窍。只要将《吉米多维奇数学分析习题集》全部做完,数学就从此过关。"我学着大哥的做法,用两年时间将6本习题集全部做了一遍,从此数学不再是问题。从"哥德巴赫猜想"开始,有人走向科学,有人走向民科,而父亲对大哥的影响,大哥对我和弟弟的影响(先后拿到博士学位),却说明另外一个问题——科学除了训练,没有其他捷径。

此类创客空间,传递的又是什么教育信号?

今天到处都在谈创新、谈创客,我们的教育又有哪些是在诱导民科,而不是专业精神呢?

每年的 5 月，我总是接受上海市科委和经信委委托，评审大学生创业和创业孵化器以及信息类科学技术资助项目。我发现了一个越来越令人不安的现象：人们越来越倾向运用激情而不是科学精神，在评判创新时越来越多是以表面现象而不是深度逻辑来界定，以至于创新孵化器基本上已经沦落成资不抵债靠政府资助活着的寄生虫，而所谓动辄数千万的风投的科技创业项目，无论是在科学、技术、工程，还是在数学上均无任何前沿性。"桃李春风一壶酒，江湖夜雨十年灯"，我深深为这个创新时代的浮躁感到一丝担忧。

与此同时，中小学创客教育也逐渐出现了迷失。机器人教育、3D 打印教育、航模教育，很多中小学的创客教室动不动花费数百万，然而钱是花了，如果触发的是学生的"灵感思维""娱乐思维""表层思维""大赛思维"，而不是背后的"学科思维""计算思维""逻辑思维"，那么，学生今后很可能成为民科、业余科学家，这与创新思维训练是背道而驰的。

苏东坡的好运气

工具时代的匠与师

先讲讲苏东坡身上发生的三个真实故事：

故事一：苏东坡小时候，苏洵将两个儿子送到一个叫张易简的道士开的一所道教学校读书。一日，张大师发现学生苏轼将一首颂扬改革家、反对道教的檄文《庆历圣德诗》背诵得滚瓜烂熟，并问自己文章所颂何人。大师不仅不怒，反而惊喜，进而诱导。

故事二：苏的父亲苏洵想尽办法找到各方神圣，托人结识儿子敬仰的欧阳修。也许他认为，只有欧阳修才是两兄弟命中的好老师，才能改变孩子的命运。

故事三：公元1057年的科举是中国1000多年人才选拔史上最辉煌的一次。那一届的考生苏轼、苏辙、曾巩、曾布、张载、程颢、程颐、章惇、吕惠卿、王韶、吕大钧，日后均脱颖而出。因为这一届的主考官是欧阳修，他根本性地改变了命题与考核的标准。主考官欧阳修和副主考梅先生一致认为杜撰历史的那位考生才气最盛。当苏面谢主考恩师时，兴奋的欧阳修当众宣布自己可以退休了。

千里马常有，而伯乐不常有。苏的好运气在于，三位好老师，张易简的道学、苏洵的史学和书法、欧阳修的文学在匠的层面已是登峰造极,可这只是苏成功的基础,他们在师学方面形而上的因势利导和行而下的津津教诲才成就了苏轼。

宋朝印刷术的普遍使用,正如今天人工智能的发展、计算机的普及和网络课程的发达一样,使得工具化代替了教师的工匠功能,教师功能的工具化,不但不是教师无用时代的来临,反而是师道昌盛的契机。在关系层面,教育肩负着三重责任:人与工具的关系、人与逻辑的关系、人与人的关系。张易简发现苏轼使用印刷书比自己有天赋,因势利导从方向上给予指导;苏洵观察苏轼的个性后,为儿子寻找适当的社交网络和实现性格互补的条件;欧阳修见到苏轼,将古文运动的逻辑传承给他,让苏轼成为一代新风的逻辑领袖。三位长者身为匠人,身怀绝技,作为师者更是高瞻远瞩,为我们后世面对工具时代如何做教育提供了难得的样板。

慢轮手工制陶已经没有实用意义,但却有教育意义。

有一年春节,我有机会拜访了一位用脚慢轮手工制作碳烤黑陶古工艺的匠人,说实话,他所做的东西比起现代工业标准化制作的东西差距不止1000年,然而,孩子们更喜欢他做的陶器。在制陶工艺的逻辑层面,这比现代制陶更有教育意义。与此对应,在创客工坊的实践中,纯机械的车床比数控车床更容易培养学生的手艺、逻辑和人际关系,也更接近教育的本质。计算机系统从来就是人机系统，人工智能时代在匠的层面会更高更快地普及教育的技能，但教师要想教好学生，自己在匠的层面就必须有独特之处；教育又是经验的和个性的，面对学生因势利导，教学活动并不是人工智能提供结论就能代替的，更重要的是，在逻辑层面，在人际关系中，教师不但不能被计算机取代，反而会发挥更人性的一面。

写这篇文章的时候，我的一位医生朋友给我打电话，告诉我现在开药越来越工具化，医生在工具化层面逐渐被替代，判断和医治一个病人靠各种医疗检测和电脑里病理指征的治疗规范，在医治效率越来越高的情况下，病人的医治效果未必像科技进展那么快。原因为何？医治病人也是一个匠、逻辑和人际关系的综合判断。换句话说，哪怕你利用工具做的方案再正确，病人要相信医生，按照医嘱去做才行。如何让病人相信医生呢？我这位朋友说，也许她要练瑜珈了，没看到国外医生的体形吗？

医生如此，教师何尝不是呢？以己为师，值得效仿。从这个层面来说，教师永远要是活生生的人才行。

资源要富，活动要苦，评价要贵

| 云技术与教育心经

下面先讲几个史上著名的宅男宅女的故事。

第一个故事：公元 1402 年，朱棣发动叛乱得到皇位，朱允炆两岁的儿子朱文圭被囚禁在凤阳，过着衣来伸手、饭来张口的生活，不过就是没人搭理他。按照明朝皇室的平均寿命，他过几年可能就会过世了，可偏偏这个皇子特别能活也特别能宅，直到 55 年以后，同样被囚禁 7 年的明英宗感同身受才将他放出。也许，这位享受了信息资源极度单调的仁兄实在不适合自由，没几天反而过世了。

第二个故事：按照印度教的神女传统，全身没毛病、出身高贵的女孩子才被选拔到神女岗位，直到月经初潮，失去神女位置。1984 年，尼泊尔王储迪彭德拉去瞻仰神女，他遇到了一个奇特的神女，她已经 33 岁了，还是没有缺点及月经，仍然宅在印度教神女的坐床上，30 多年来脚从来没有下过地。14 岁的王储好奇地问"你怎么这么老啊？"于是她被赶下神坛。这位不甘心的宅女又找了一个 5 层楼的庙继续宅着。又过了 30 年，2015 年 5 月，尼泊尔地震，人们惊慌逃散，这位神女终于下地了，不过下地是下地了，却不会走了。

第三个故事：这位宅人叫朱祐樘，他身上发生的可是最传奇的故事。由于他的父亲明宪宗朱见深小时候也是宅男，10岁之前经历政治飘摇，几番被废，当上皇帝后，明宪宗只宠爱小时候陪伴自己且大他17岁的宫女，这个宫女就是万贵妃。由于万贵妃年龄大了，生孩子困难，她就将宪宗皇帝临幸过的所有嫔妃宫女的孩子全部处死。朱祐樘就是在这样的环境中被一个人缘很好的宫女生下来的。经过了无数死婴事件，皇宫里几千名宫女、太监和守卫突然在这个时间点做了一件令人震惊的事，那就是竟然在皇宫里隐瞒了这件事长达5年之久。直到6年以后，皇帝对着镜子中的白发说怎么没有个孩子的时候，梳头太监才说出实情。恋母情结的皇帝还是保护不了这些善良的人，保护朱祐樘的母亲、太监和宫女紧跟着一个一个死去。这时，废皇后、皇后、太后纷纷挺身而出保护朱祐樘，在全体人员的保护下，朱祐樘活了下来，一直到万贵妃去世才安全。根据史料，当上皇帝的朱祐樘也是一个宅皇帝，不过非常勤奋，一天要上早朝、午朝、晚朝三朝。除此之外，朱祐樘任用贤能，生活简朴，热爱读书，待人宽厚，一夫一妻，发明牙刷，在他的带领下，明朝有了难得的18年的弘治中兴。

讲述上面的三个故事，是要引出教育的三个主题：资源、活动、评价。

在教育系统，比较公认的教育的三个要素是资源、活动和评价，可用以上三个故事来说明。

第一个故事，资源匮乏的朱文圭虽然过着衣来伸手、饭来张口的日子，但不会说话，不识牛马，只在圈禁之地面对高墙，有朝一日自由了，反而是危险之日。

第二个故事，神女们被敬仰，又有宗教老师任教，每天被人抬着走，然而不接地气的活动，使得再高深的宗教也无法启迪原本就优中选优的神女。神女们走下神坛之日，就是一生痛苦的开始。

第三个故事，资源和活动并不占优势的朱祐樘，早年却获得了很多人难以得到的东西。没有人要求朱祐樘忠厚，但他身边充满忠厚的好人；没有人要求朱祐樘勤俭,然而宫女、太监用省下来的口粮以皇室的礼仪喂养了这个皇子;没有人要求朱祐樘专一,但他那拥有恋母情结的父亲对大自己17岁的万贵妃却百般依存;没有人要求他坚忍,但面对生死,他身边的人一个字都不愿意说,可该做的都做了。朱祐樘当上皇帝,人们说应该将万恶的万贵妃一干人全部清除,而朱祐樘却用少有的宽容体现了一位明君的大度。

资源要富:有人说,人工智能能给学生真正个性化喜欢的东西,然而,我看到无论是自动推送的搜索引擎的链接还是新闻头条,如果没有一个好的导师的指引,自动推送的东西无异于朱文圭在凤阳城圈禁之地的围墙,想吃什么就吃什么,想穿什么就穿什么,等到获得信息自由时,已经没有免疫力了。在信息时代,信息资源要富,不仅指的是信息的海洋盘量要大,更重要的是推送给学生的信息要营养均衡、健康,还要高度适应未来社会的结构化。一般来讲,生活在市井中的人社会信息更加充分,生活在皇宫和工厂大院的则更加单调和乏味。可是事实上,由于市井不是高度结构化的社会,往往反映的是更加扭曲和微观的社会,而皇宫大院等级对比强烈,军队和工厂大院围绕秩序的结构化更加凸显,反而是在皇宫长大的朱祐樘和在军队大院、工厂大院长大的孩子,更容易适应今后的社会秩序。资源是一种生态,教育是高度结构化和简化的模板,这个模块并不是还原社会,而是还原未来社会的真实结构。所谓资源要富,就是指这个。

活动要苦:比起神女的培养,藏传佛教对活佛的培养更加成功。同样是遴选最优秀的孩子,同样是最优秀的宗教领袖培养他们,同样是封闭培养,为什么转世活佛的培养要好得多?那是因为在活佛培养中,活动要苦得多。现在的活佛和历史上的活佛一样,进入学习阶段后,每天早上6点起床,晚上11点休息,早晚课要背经文,除了学习普通学子必须学的学科知识外,藏传佛教的基础宗教常识、五部大论也要学习。朱祐樘在9岁以后开始安全,其父亲派全国最有名的学士教他所有的知识和经典,除此之外,辩论、诗歌、艺术训练一样都不少。朱祐樘与活佛一样，出阁后还要和名士辩论。朱祐樘经过的所谓素质教育，不仅仅是有爱就够了，也不仅仅是娱乐教育和游戏教育，更不是快乐教育，而是围绕未来皇位所需的能力提前进行的针对性训练。现在进入网络和电子课堂时代，万人课堂、千人课堂开始出现，然而教育的培养是多方面的，知识仅仅是微不足道的一个方面，训练才是非常重要的方面。小提琴的课本只有几十页，但教师纠正学生的手型和学生千百次的练习与训练，是苦出来的。

评价要贵：俗话说贵人相助，贵人相助的不是钱财也不是机会，而是评价标准。过去贵族培养之所以难，不仅仅在于贵族培养的方案贵，更在于贵族的教师贵。朱祐樘成长道路的最难复制之处在于，哪里找那么多心甘情愿牺牲自己、成全未来的教师呢？哪里能找到一个不用强压大家都在心照不宣保护爱的秘密的环境呢？教师不是通过教授知识教授学生，而是通过自己的学习方式来传染学生。教师通过自评并带动学生，这种"贵"是难能可贵的。

美国卡内基梅隆大学最近被评为全球人工智能应用排名第一的高校，正好5年前我在那里进行工作访问时，拿到了一位教授的课件资源，我们来看看这位教授如何在电子资源背景下做着富、苦、贵的事情。

资源的富：与中国教师比较喜欢宣扬某种教学模式的习惯不同，美国的学校课程一般会详细给出资源和详细的课程大纲。从量上来讲，这门"视频认知"课程的文件数量有2000多个，文件大小有600M，代码示范有200多个程序，案例有60多个。除此之外，卡内基梅隆大学各院、系、实验室都有自己的资源库，学生在这里学习可谓"富甲一方"。从课程资源来讲，与美国的教科书有点类似，教师不一定讲，正如我们在一个充满宝物的宫殿中不一定用所有的宝物一样，让你看到的资源一定是很富的，这门课程有21个章节，涵盖全部视频认知的理论、实验、方法、案例、代码。今天每每打开这门课程，我依然认为它是一个不过时的宝库。

活动的苦：教师不讲，不意味着学生不做。每次上课，教师总认为前提是学生已经预习过该课程了,因此上课就是大量的作业讲解,案例和前沿知识的导入。在卡内基梅隆大学,计算机专业的学生很少在半夜两点前睡觉,他们都在苦苦训练。这门课程有非常多的案例和代码,教授会要求学生参考这些代码完成他突发奇想的个性化作业:做一个太极拳的评分系统,做一个空姐笑容的评价系统,对面过来一个美女测试她爱不爱你,做一个也许是尼安德特人岩画的补全系统,将谷歌地图改造为莫奈的风格等。按照我们的设想,学生能在代码中找到学习的地方并修改完成已经很不错了,可如果第二天教授拿出来一套代码检查器,学生完成的作业被认定为抄袭,学生是要倒霉的。

无数次,我在这个眼动收集仪前观看电脑中的广告,还原我的视觉喜好,做出模型。这只是20项作业中的一项。

评价的贵:这位教授早年拿到博士学位后,到英特尔公司做了多年的部门经理,后来给学校捐款100万美元后,又调来学校任教。此后每学期,他总是能筹集5万美元进行课程改革和教学实践。学生经过一学期20多次作业和代码的训练,在期末时,3人一小组会得到教授几百到几千美元的资助,去完成一个世界上从来没有人完成的作品。作品展示那天,在体育场,教授会邀请产业界人士和全校感兴趣的师生参加,并邀请风险投资商作评委。以产业为标杆,教授的这门课够贵的。然而,最昂贵的不在于这些设备,而在于整个教学过程。教授动用的资源和努力,不是我能想象的,学生半夜两点之后睡觉,教授的午餐时间只有15分钟。学期末,教授在评分系统中的一句话、一个字都不能随便写,学生课程结业时找教授写推荐信,才知道美国教授多说一句好话是多么难能可贵的一件事。

无论是历史还是今天,无论是传统还是现在,无论是线上还是线下,在培养人这件事上是有一般规律的,随着技术的进步,变化也是有的。信息化、网络化和电子化,使资源的快速获取和汇聚成为可能,找到东西似乎不难了,然而信息过载的风险随之而来。教育是一件高度结构化和变化的事情。无论如何,针对人的教育是离不开人的。而为人准备资源,人来准备资源;为人的教育活动,人准备的教育活动;为教育而生的评价,人评价的教育,都是一件事情的两面。

富贵不能淫,那是大观园里的美色吊高了胃口;威武不能屈,那是该教育的时候苦够了;贫贱不能移,那是小时候营养的底子打扎实了。人的大脑是一台智能化的机器,教育无非是注入机器的信息模板。无论什么时代,教育要想做好,就得"资源要富,活动要苦,评价要贵"。

AI 教育的学科脑洞

| 云技术与教育心经

提起人工智能，不得不提目前的"三驾马车"——杰弗里·辛顿、延恩·勒昆、约书亚·本吉奥，他们代表的主流人工智能学派，其深度学习理论的前身神经网络，在 20 世纪 80 年代却被认为是已经过时和走不通的路。直到 1998 年，辛顿找来一批计算机科学家、生物学家、电器工程师、神经科学家、物理学家和心理学家，重新思考人到底是怎么思考的，才使得深度学习全面超越向量机并成为主流的人工智能算法。

辛顿最终成为赢家，其根源在于他的教育背景、家庭背景、师承。辛顿本科学习的是心理学，父亲是著名的昆虫学家，他的太太是著名的数学家布尔家族的一员。

这引起我的思考。在人工智能教育中，我们首先要回答的是：人工智能教育的脑洞到底要有多大才行？为此，我从亚里士多德开始，将对人工智能有巨大影响的学派和其代表以及他们之间的师承关系画了一张图。图中有 60 人左右。

总体来说，人工智能分为两个阵营：一派是以符号逻辑为核心的哲学、数学、物理、电子、计算机的延承，这个学派从亚里士多德的形式逻辑开始到莱布尼斯的二进制再到冯·诺依曼的计算机理论，再到香农、维纳、赛弗里奇等达到顶点；另一派以维特根斯坦、德摩根、杜威的经验主义、形式逻辑、实用主义为出发点，自下向上研究人脑和经验以及意识的产生，到图灵测试引发的人机互动、机器人、人机界面、传感网络的节点和系统技术，再到坎德尔等生物学家引发的神经节点、神经信号、脑机接口技术，到深度学习毕其功于一役。

两个基本流派之前的师承关系非常密切，师生家族关系也异常紧密，但最神奇的是，他们几乎都和一个人有关系，那就是罗素，其中至少有80%的人读的数学书是罗素的《数学原理》。不仅如此，在人工智能这张图谱中的60个人中，有18个人直接师承罗素，还有不少于这个数量的人在人物传记中提到早年看了罗素的那本书而深受启发。

在这60人中，有45人能找到比较全的公开史料，其中30%是学习数学的，20%是学习工程的，10%是学习科学的，15%的人拿的是艺术人文哲学学位。那么STEAM中的比例以及学校学科设置就要警觉了。再看看这些人的导师（我们将影响他们程序最强的人定义为导师），33%的人是数学家，20%的人的专业是科学、工程，另有10%是属于人文艺术和哲学领域的人。最后再看这些人父母的行业：父亲多数是从事社会工作，或是专业人才，少量是工匠和平民，而母亲多半是教师和受过良好教育的女性。好了，我可以给出AI脑洞的个人结论了。

M：要学好数学，更要学好数学史，也许教师跟不上人工智能发展的要求，但可以像罗素一样启发学生的思维。

S：科学是人工智能脑洞的基础，父母不是从事科学研究的没有关系。

T：技能是学生入行和训练的重要环节与基础。

E：计算机、机械、电子等领域的单一专业训练被大大夸大，综合的跨学科训练是成为顶级专家的重要因素。

A：非常多的专家在本科阶段是学哲学、艺术、文化学的，这给我们启示：有时要减少专业，加大基础。作为学生的人生导师，即使和人工智能毫无关系，但是只要对哲学、教育、艺术有独特看法，也可能培养出大师。作为孩子的父母，无论是什么专业、行业，只要是对社会有用的人，其孩子都可能成为人工智能专家。

教育者的偏差

弗里德曼主张市场原教旨主义，面对数十年的以计算为中心的学界的排斥，他的地位来自市场，总是证明他是对的。

是不是数据越多越科学？是不是数学学得越好，就更容易成为经济学家？在数据和数学越来越受到重视的大数据时代，也许著名经济学家弗里德曼给我们的答案不是"may be"，而是"no"。

弗里德曼上大学时希望自己成为一个精算师，但由于数学不够好，他只拿到了文学文凭，但是这一点并没有影响他日后成为诺贝尔经济学奖获得者和著名的芝加哥学派创始人。弗里德曼擅长用简单的铅笔讲述复杂的经济学难题，"恒温器效应"就是一个最能够说明观测者偏差的实验。假如有一个密闭的房间由于某种特殊的原因（温度自动控制，经济学家叫货币发行量），保持温度恒定不变，这时室外的观测者看到通过电表和温度计算的数据，认为是电表发电量的上升造成室外温度的下降；而同时，一直在室内为学生计算温度和电表使用量的学校总务处发现，室内温度一直恒定不变，和空调毫无关系，于是关掉空调以便节省能源。

2018年教育部门下发通知，中小学课堂不能使用电子产品，因为发现电子产品与儿童近视有强相关关系。其实，这是一个明显的弗里德曼观测的恒温器。早在2015年，《自然》中的一些文章就指出，对美国和澳大利亚以及欧洲、中国几千名青少年的一项调查显示，近视和使用电子产品没有任何关系，只是和户外活动时间有正向强关联。那么，真相到底是什么？弗里德曼的恒温器认为都是真相，偏差来源于"观测者的偏差"。研究发现，正是由于中国学生户外活动较少，才过多使用电子产品。也就是说，户外活动和电子产品有强相关关系，和近视有强相关关系，但电子产品和近视没有因果关系，在国外甚至没有强相关关系。

解决观测者误差的办法有：看是关联关系还是因果关系，看是否取得了所有数据和观测，具有丰富经验的领域专家参与调研和结论。上面的两个案例中，如果全面了解室内外温度，如果让懂能耗原理的工程师来判断，如果能征询眼科专家的意见，那么就不会有这些教育者的偏差。

教育者的观察偏差非常常见。这些年，一些名不见经传的高中迅速冲向高考成绩榜，很多人认为它们应试有道，其实观察下来发现其从高一开始就劝退了排名中下的学生。当全民都在反思中国教育的问题出在哪里，给学校支招时，最无辜的可能就是学校，问题出在社会本身。

数据时代仔细测量室内外温度，通过各种关联关系找到教育变量，提供了一种经济和普适的方法。然而，正如弗里德曼重新发现货币发行量的秘诀一样，大数据不能让计量经济学把经济变得更好，计量金融的滥用往往带来的是金融危机；大数据也不会直接让教育变得更好，它的滥用会带来教育的危机。

教育者的偏差，不仅仅来源于观测的偏差，还来源于数学本身就是不完备的。大数学家希尔伯特晚年提出三个数学哲学问题：数学是完备的吗？数学是相容的吗？数学是可判定的吗？歌德和图灵给出否定的结论。图灵因此还设想出一台图灵机来反证这个结论。图灵的这个设想，造就了伟大的计算机时代和人工智能。然而，我们今天谈人工智能、大数据，谈它们和教育的关系，如果忘掉不完美这个出发点和学习这个教育领域的"恒温器"，就真的掉入教育者的技术偏差了。

差之毫厘
不做丹

信息化如何让教育入微

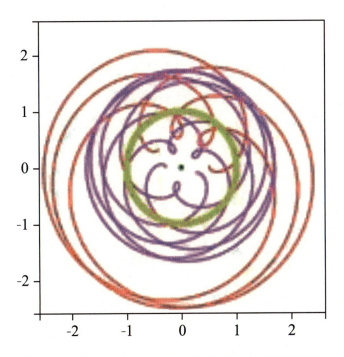

托勒密以地球为中心的难度，不仅在于其他星球成为不规则的莲花，更大的难度在于他知道运行轨迹是椭圆的。托勒密用几百页数学证明此事，使得哥白尼始终不能超越。

公元 323 年，葛洪路过广东，听说广东这个地方矿产丰富，适合炼丹，于是留下来，走完最后几十年的人生，成为影响后世的化学家、道教宗师、儒学巨人、医学家，也留下了至今中国常用的一个词汇：入微。史载葛洪"博闻深洽，江左绝伦。著述篇章富於班马，又精辩玄赜，析理入微"。葛洪的"入微"有什么标准呢？为了博闻，他走遍中国大江南北，读遍能读之书；为了深洽，他深入名川大山，潜心修道；为了思考，他写书数百卷；为了精辩，他深入各种战场和官场说服与实践；为了玄赜，他专门用大量文章明辨假丹、假药，并且融合儒学和道学，形成一套自洽的理论体系，最终方能"析理入微"。那么，在炼丹这件事上，葛洪是如何入微的呢？

"入微"是"自洽"的必要条件，不然按照逻辑学只要举出一个反例，整个理论体系就不存在了。例如，"做眼保健操有利于治疗近视，世界上只有中国做眼保健操，在同等情况下，中国的视力状态是最好的"应该成立，可惜不是。可惜不是的还有手机和电子设备是否进课堂这件事。"手机不进课堂有利于防止近视，中国是世界上禁止手机进课堂的国家，中国正在采取有利于近视的举措"也应成立。简单的三段论似乎每个人都能理解，然而逻辑成为科学还必须有另外两个工具才行：数学、实证。要证明以上说法除了建立起"电子产品与近视的眼科生理学关系""近视与眼保健操之间的生理学逻辑关系"外，还必须有量的考量和实践的"可重复、双盲实验"。也就是说，没有逻辑和数量关系的支撑，就没有"入微"，也就是不专业。

有时候，自洽的不一定是对的，不讲逻辑的也不一定是错的，下面这个例子就说明了这一点。与葛洪同时代的托勒密建立了自洽的地心说，之所以是"地心说"而不是"地心哲学"，是因为他不仅建立起地心的逻辑体系，而且建立了地心的自洽理论体系，除此之外，他更是创造性地用数学公式表示了行星和太阳围绕地球运转的方式，更重要的是，他知道并用椭圆轨道进行计算。托勒密数百页的数学计算和推论，使得学说在1000多年时间里无法推翻。这时哥白尼出场了，但他使用的正圆轨道的计算精度远远小于托勒密的地心说的精度。直到开普勒结合哥白尼和托勒密的学说,并用数学方程和更多的观测进行验证,"日心说"才成为一种科学。

中国要向人类文明学习的东西还有很多,不仅仅是科学技术,更重要的是科学技术背后的"入微"的实证科学体系。回到电子产品是否进课堂、是否能够利用电子产品布置作业这件事,它不是哲学层面、逻辑层面的讨论能够解决的,葛洪给了我们博闻、深洽、著述、精辩、玄赜、析理的入微讨论模式,而意大利教会最终接受开普勒也是因为计算精度这个准绳,那么,我们的规则制定者,不会不如古人吧?

信息化与非信息化,带来的不仅仅是教学模式的改变,更多的是由教学模式引发的"入微"的可计算模式,进而转变成思维模式。我们的信息化如何走出自洽循环,利用逻辑体系,抽象出数理模型,建立指标体系,找出适应模式,提炼设计范式,最终建立简单可执行的规则,并不是那么简单。

真正炼丹的老道都知道"差之毫厘不做丹",更何况教育管理者,文件起草要慎重。

教育信息化的
后发劣势

"我经常对我想要理解的东西有一个模糊的概念,但又不知道如何用精确的语言描述它,直到我读了另一篇论文,突然间,我想我可以表达了。"——舒尔茨

2006年,第47届世界数学奥林匹克大赛获奖者揭晓,与中国6位金牌选手站在一起的舒尔茨显得有点不那么耀眼。虽然他也拿到了金牌,但他的分数有点拿不出手。相比中国的领军人物柳智宇,舒尔茨已经是第三次参加数学奥林匹克比赛了,不过他一点儿也不沮丧,因为这位德国的数学天才参加奥数的

原因是"觉得好玩"。

2018年7月11日,"觉得好玩"的德国数学家舒尔茨获得了数学界的最高奖菲尔茨奖。同一天,已经出家7年的柳智宇所在的龙泉寺爆出"宫斗",该寺方丈被人举报不良事件。仅仅12年时间,德国的舒尔茨挑战人类智力极限,用力攀登数学高峰,龙泉寺的和尚们却在用智慧引导民众走向另外一端。

中国龙泉寺因其高科技出名,如会说佛语的机器人、自动门禁系统、人工智能佛经等。龙泉寺成功了,他们利用信息化的"后发优势",即一批智商极高、毕业于北大清华的高才生将一所新寺和一批新和尚迅速变成"网红",那些年纪轻轻没念过几年佛经却能超越绝大多数名寺方丈的和尚也成了中国佛教协会的一员。作为一个专业人士,我还是有很大遗憾的,这些所谓很炫的信息化,基本上是本科毕业生能够做出来的东西而不应该是这些高材生用来吸引信众的手段,而我更担心的是作为一所名寺本应研究的是更深层次的"佛学",这所寺庙的功底到底如何?而网爆的方丈被举报事件且不论真假,从寺院管理来看肯定是失败了。

信息化到底是"先发优势"还是"后发优势"?龙泉寺是典型的以"互联网寺院"继承了积累几千年的佛教管理体系。然而,龙泉寺毕竟是靠传经诵佛过日子的,与论文或专利都不沾边,更不用说获国际大奖了。为了超越而不断训练的中国奥数团队虽然能拥有"后发优势"获得无数奖项,他们却一个个成了"超脱"的人。反观舒尔茨,他所获奖和研究的"状似完备空间"虽然吸引不了多少信众,但很可能是今后计算机和人工智能应用的基石。

1990年7月,暑期回家的我被二哥拉到厂里面见一位处长。这是一个国有大型钢铁企业的供应处,负责厂里每年数亿元的采购。当初计算机刚刚普及,偌大的厂里找不到几个会编程的人。处长问我愿不愿意利用暑假为他们免费编一套资产管理程序。我正好在大学学习了BASIC和FORTRAN程序,一个20岁还未毕业的学生能有这样的机会去编一套生产系统当然求之不得。程序编写其实没有那么难,按照处长提供的业务模型,我很快实现了供应处资产的 ABC 分类。处长很感谢我。28 年(2018 年)过去了,这家国有钢厂即使在钢铁生产非常不好的时期也以自己良好的成本管理保持着较好的效益,原因不是我这套程序编得好,而是处长是按照一家运作良好的业务模型进行计算机设计的。

2018 年 4 月,在一家网红钢铁企业工作了两年的二哥终于辞职了。这家网红钢铁企业运用崭新的互联网手段迅速圈了许多钱和资源,用"云"和"区块链"的手段火速建立了营销甚至生产网络,相比原先那家国有钢铁企业具有很强的"后发优势"。然而,二哥工作一段时间之后发现,这家企业的管理根本无法落地,即很"炫"的互联网思维掩盖不了背后数据逻辑和管理逻辑的混乱。二哥能够进这家企业的原因也在于他有 30 多年的钢铁行业工作经验,然而由于是"快钱",绝大多数企业必须要做的"制度性建设",这家企业根本不想做和不做,他们只愿意模仿网红企业快速营销的表层,最后导致资不抵债。

在中国经济学界,"后发优势"和"后发劣势"的争论非常有名。后发劣势的概念是由经济学家沃森提出来的,后来由杨小凯教授引进中国。沃森"对后来者的诅咒",意思是说落后者由于发展迟缓,很多东西可以模仿发达者。模仿有两种形式:一种是模仿制度,另外一种是模仿技术和工业化模式。模仿技术容易,模仿制度就比较困难,因为改革制度会触碰到一些人的既得利益,因此落后国家更倾向于技术模仿,模仿者可以在短期内取得非常好的发展,但会给长期发展留下许多隐患,甚至长期发展有可能失败。

"后发劣势"基本上是针对经济学界的,然而对于信息系统来说,更加适用。按照管理信息系统分析的相关理论,要想设计一个好的信息系统,必须经过系统调查(需求调查、初步调查、详细调查、新方案的设想和可行性研究)、业务功能分析(组织机构、组织业务、业务功能)、业务流程分析(业务处理对象、责任人、信息流顺序、表单顺序)、数据流程分析(数据汇总、数据流程)、系统模型建立(系统化方案、相关管理模型、信息处理方案、信息分析报告)等环节,要想做一个好的信息系统,上述分析缺一不可。然而,即使我多年从事信息系统开发和设计,也很少见到真正全面地进行上述设计,一些系统虽然成功了,但很容易让人误解为上述的制度性建设不重要和不需要。

改革开放40年来,我们在冷静地反思为什么中国的改革开放能够成功而南美不能,并非是因为中国没有制度建设而仅仅引进先进的西方技术。从辛亥革命到新中国建立,中国经过了漫长的社会重整和结构化的社会改革,到1978年已经很适应新技术的应用了。浙江的互联网经济能够发展而东北不行,不仅仅是引进技术的问题,更重要的是制度文化层面的原因。改革开放前20年,浙江民营企业大量引进上海的工业制度和工程师文化,到互联网时代又成为重要的制度遗产。从这个层面来讲,浙江是先发而不是后发。以阿里巴巴和京东为代表的多数O2O电商正是继承了大量的制度性遗产(如中国的公路和物流、工业集散地、工业园区),其成功是以数十年的工业积累为基础和大量的工业制度性(税收、劳动力、财政政策)低盈利倾斜为代价的。如果没有工业制度性的遗产,信息只能变"后发优势"为"后发劣势"。

说到这里,我讲两种非常典型的大学实施信息化的例子。一种是好的典型,这所大学叫建桥学院,是一个刚刚升本10年的学校,在中国民办大学的评估中经常名列前茅。从信息化的角度来看,这件事情也很值得反思。10年前,东华大学的教务处、实验中心、经管学院、计算机学院的多位处长同时退休来到建桥学院。他们在东华大学工作超过30年,更是从事过信息化的相关工作。进入建桥学院工作后,他们从实验卡片、实验项目、实验课程、排课、预约、资产数据、人事数据到学生数据,一项一项地按照公办大学制度要求进行建设,并在这些制度性建设的基础上进行信息化升级。原先在东华大学干不成的事,在这里干成了。教育部要求的7张基表完全通过物联网自动产出,且基本上不用作太大调整。不仅如此,他们还针对自身需要和本科评估、审核评估指南，出具了50张自动获取的报表。建桥学院的信息化，是建立在制度建设的先发优势上的。

下面再讲信息化建设学校的另一种代表。一个大学的资产设备处过来请教，他们过去三年建设了12个互联网应用，从网上付费到手机找教室再到网上课表、租金收费，紧跟网红的思路让他们迅速成为高校信息化建设的明星。然而，陪同他们开发的公司倒闭了。我过去考察发现，这个公办学校的数据和流程质量之差超出我的想象：没有排课数据，没有资产数据，没有规范的流程，没有实验项目数据。在这样先天不足的基础上，为适应网红经济迅速使用信息化建设了很多系统却只有四个科员在使用，不仅开发公司倒闭，这四个科员也快倒下了。

"学习"和"教育"是完全不同的。学习可以自组织，以兴趣爱好为中心，因此互联网在非结构化的爱好类学习中很容易成功。但教育不同，它是高度结构化的，是面向未来准备人才的活动，还带有政府强制性。因此，要想做好教育，必须先"念好教育经"。不排斥在教育结构化相对成熟的地域和领域加入互联网能够继承教育的"结构化遗产"，迅速提高效率。但如果没有充分吸收教育的经验和成果，也没有体现出某种程度的可验证的成功，就去搞网红教育和互联网教育，那么悲哀的不是一座寺庙和若干信众，而是一代祖国的花朵。

做教育信息化的人经常听到的一句话就是，"要做顶层设计，不能再带来信息孤岛"。事实上，我经手的教育信息化项目超过1000项，所有的信息化孤岛都来自业务孤岛，而所有不好好研究业务、不改造业务的"信息化顶层设计"无不以失败告终。另外，凡是就事论事把一个业务做好的信息化，只要数据真实、业务真实，即使今后实施新的信息化需要推翻重来，成本也极低。

如何避免信息化的"后发劣势"，从根本上还是要从业务的规范性和教育的结构化分析开始。中国人总是强调教育的"人性"的一面，如"教育是用一颗心去点燃另一颗心、一棵树摇动另一棵树"等，这当然没错，但教育毕竟是组织行为，必须积累制度和行业规范才能谈情怀。一个连规则都不遵守的情怀，是很可疑的。一个典型的例子就是：一些教育发达国家的教科书是非常成体系的几千页，其课程大纲一般也有非常详细的学分说明。相比而言，我们的学科教育在互联网的冲击下越来越碎片化，教科书没有体系，教学大纲几页纸，实验项目经不起检查。这样的教育无论有多么好的包装，都是令人担忧的。

PART/2

慧眼

信息时代的设计变革

当大学成为一个景点，
与公园有什么不同？

社会服务与沉浸校园

有一个广为流传的故事，说一只乌鸦和一只凤凰比美，全部选票都给了凤凰。乌鸦不服，说了这样一句话："凤凰之所以漂亮，是因为羽毛，如果我们两个都把毛拔光，再选美，凤凰未必赢得了我。"网上"黑苏州"的网帖一再盛行，苏州之所以经济强，是因为它有四个全国强县——昆山、张家港、常熟、太仓。有人就说，如果把苏州这四个"羽毛"拔光了，苏州的经济就不行了，凤凰变乌鸦。

事实上，如果了解1983年江苏行政区划改革就知道，苏州的这四个县中只有常熟是全国强县，其他三个"羽毛"其实是后长出来的。上述故事还有后半段，凤凰答应乌鸦，说："可以，我们两个都把羽毛拔光，一个月后再来选美，如何？"

王则柯是著名经济学家，比较巧的是，王教授是中山大学教授，其父亲也是中山大学教授。王教授儿时在老中山大学长大，现在这个校园被分为华南理工大学、华南师范大学、华南农业大学。1952年，中山大学整体搬迁到岭南大学。原来的老中山大学的校园是全国最美校园，近70年过去了，今天的新中山大学岭南校区又成为全国最美校园，而原来被一分为三的美丽校园似乎断了风水，再也很难美丽起来。年近八旬的王教授作为很少的见证者之一，总是喜欢带着学生到被割裂的三个校园中讲述过去的故事。然而，无论华南师大、华南理工、华南农大怎么好好珍惜原来的老中大的建筑，可能由于灵魂另有所属，最美校园与主人一起迁往海珠区，主人住在哪里，气场就在哪里。从这个角度讲，人就是信息，气场就是信息，大学精神随着人走。

1998年，著名行政管理学教授夏书章在珠海校区和我见面。夏教授早年毕业于哈佛大学肯尼迪学院，那年已经90岁高龄。一月的寒假不算太冷，但由于学院不怎么开门，他就约我在行政学院楼下的大树旁相聚。那天阳光明媚，夏教授早早地坐在大树下的石凳上等我，一一向我介绍学院的每位教师及其专业特长。夏教授还经常作讲座，我象征性地邀请他来我所在的学校讲座。夏教授说："你们学校有大树吗？没有大树的学校，我不去。"夏老的话也让我想到，大树就是信息，百年风云变幻，只有树知道，没有大树的学校气场不足，新校区的校园没有大树，学校的气息需要逐渐恢复。

2013年，中山大学管理学院新楼启用，学校邀请对学院作出贡献的人物留些痕迹，我正好在其前任院长顾宝炎的上海居所，顾老师说："想来想去，大家认为还是立块石头写几个字比较易行。"于是，就有了今天中山大学管理学院门口的这块石头，现已成为校园一景。

其实，在石头上刻字是中国校友留下信息痕迹的做法。1932年，振华女校（今苏州十中）21级（壬申级）学生在毕业前为学校西花园筑了一条贯通花园的环形小路，如《壬申级刊》中所说："筑一条长圆形的道路，道路代表我们的精神，盼望我们的级友都前程远大！我们要去开新的道路！"并且立摩崖石刻以纪念。摩崖石顶部镌刻着壬申级级训——"仁慈明敏"，为我国著名物理学家何泽慧所书。70年后，何先生为了纪念母校百年校庆，又刻了一块石头：爱国奋进。其实石头作为信息载体不仅比纸的历史长，且持续的终点也长。

1988年，北京钢铁学院要改名，大家想了很多名字，据说很多人提议叫"北洋大学"，因为北京钢铁学院是1952年全国院系调整，在天津大学最强专业冶金专业的基础上成立的。2018年，我来到天津大学新校区，整个校园弥漫着北洋大学的风格。我又去了天津大学老校区，它虽然没有修整得很好，但北洋历史的影子还在。气场就是气场，大学精神最能够遗留和保存大学品牌的内涵，而内涵如果需要一种外在载体去承担的话，那就是建筑。

现在看来，天津大学更具有北洋范儿，新校区也更具有可看性。

大学之大，不在高楼之大，而在大师之大。而作为一个游客，如何体会大师呢？那就是校园。每年暑假，西北大学化学与材料学院都坚持做一件事情，那就是让中学生通过手机App预约学校的化学实验室，使其在高中就能培养起科学意识。通过建设实验室管理系统，学院将实验项目和房间、资源有效组织起来。相比高楼和智慧课堂，大学最有价值的就是实验室。如果一所大学没有值得纪念的实验室和实验室中的故事，那么这所大学就成为一个公园了。大学和公园的最大区别就在于大学有故事信息。

2012年，我在卡内基梅隆大学做高访，那时美国大学的科研经费已经不太够了，因此学校的一些教授会为争取到5万美元的教学和科研经费而高兴。即使这样，教授也会尽可能地将实验室的详细信息展示在走廊里。以将信息藏于海报中的方式向社会展示实验室。

CMU实验室的信息藏于海报

最近20年，中国的很多大学在启动新校区建设，比较好的大学校园设计会让人感受到一种浓厚的历史感，然而风格这种东西是学不来的。每一个校友在校读书的时间其实很短，尤其是对很多年龄较大的校友来说，他们印象中的校园还比较破落，没有留下什么深刻记忆。反而是毕业以后，他们不断回顾有历史沉淀的母校的历史，讲述一个个不断打动校友的故事，才越来越对母校产生认同，留下母校的烙印，这就是文化的力量。

我曾在复旦大学读过书，有一天去其新校区考察，似乎其一草一木我都见过,与我脑海中的历史完美合拍。好的校园设计能够成为一个景点,是因为在参观者和校友眼中不只是景点。用加州大学伯克利校区环境艺术大师亚历山大的话说,即为"建筑模式语言",似乎建筑、故事是更贴近原本的信息载体。

这对于很多要改造老校区的大学来说更难一些。目前,很多"双一流"学科和学校建设都要改造老校区,老建筑物改造首先要清空所有的房间,改造完再重新分配。做过相关工作的人就知道这件事有多难,一个承载了学校百年或者至少50年历史的老建筑,有多少故事,就有多大困难。改造完的建筑物不是扒掉新建,而是修补如旧,还要味道不能变,气象焕然一新。更加重要的是,作为一个服务社会的大学系统,如何体现"教书育人、科学研究、服务社会"的标杆作用?又如何体现大学精神的历史传承和新生?

例如,一个承担中学学科教材写作任务的大学教授告诉我,大学教授做中学教材,既不是科学研究,又不是教书育人。作为一个有辐射功能的学者,有"服务社会"的职能,他做中学教材更多的是出于"我们在业余地辟谣,而很多人在专业地造谣"的社会服务的社会责任感,在所撰写的中学教材中,一定要告诉中学生们"维生素C没有正旋和反旋,水没有也不可能听懂人话"。他对实验室的社会服务职能提出自己的设想,说:"能不能让中学生多来参观大学实验室,甚至开放预约?""在中学生来参观实验室的时候,能不能既不影响正常的教育秩序,又比进到实验室更真切和准确地实现更为细致的介绍或者展示?"

传统教室中的班牌具有信息提示和展示的功能,然而大学实验室的班牌有什么不同呢?作为一个学术机构"景点"的班牌应该有什么不同呢?一位实验中心的教授对班牌的要求是,一定要能切换多个角度和摄像头,因为对参观者来说,这样才能感受到不是在参观而是在体验。另外,他强调不但要能显示课表及其详细信息,而且要让参观者能够接触实验项目及其关联设备,这样才能有比仅仅参观更深的体验。

中国的新一轮"双一流"建设，很多投入巨资改造的实验楼完全投入使用时，会吸引很多观众参观这所大学所带来的"黑科技"，他们当中有视察官员，有退休的老教授，有校友，有在校学生，有游客。比起大学具有的浓厚文化，大家更感兴趣的是大学具有科学性的实验楼和实验系统。

大学成为一个景点，与公园有何不同？也许在信息化时代，大学不仅有更多的理性，也能为我们提供更多、更深度的体验以及情怀。也许在不远的将来，如大学的建筑物与大师的气场交融一样，大学的故事与传说、资产设备和科学家、专业精神和风景，在信息化的支撑下，将变成不可复制的精神传承，影响着学生、校友以及社会中的你和我。

有没有一种可能，有一种既像 GIS，又像直播、像 AR、像 MR，更是现实实验室在学生头脑和眼前的一个全息映射，一个有无数创新可能的"平行世界"？设想一下，当学生进入实验室，走向工位，打开直播，找到自己，然后平行的全息世界，就是他该做的实验、该写的作业、该开的机器，不会了就用知识地图，摇一摇可以感知校园，拍一拍可以重合灵魂世界，点一点可以寻求帮助。

教师能否在校园中布满曹雪芹的谶语，即使学生会离开、散场，但开心的是过程，开悟的是学生，这种可能正在实现，正在变成现实，且我们非常自豪地看到，它只可能在中国变成现实，可能就在你我的学校。

信息视角的
教育设计

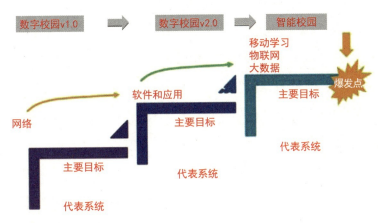

教育信息发展阶段图

  信息技术作为教育工具使用，经历了三个阶段。2004年之前，可以称为秩序阶段，围绕教育秩序配套的信息化支撑，无纸化、电化教育和多媒体教育是那个时代的特色，主要目标是建立高等教育秩序，满足各类基础管理的要求，代表系统有教务系统、OA系统、数字化校园。从2004年开始，晚于互联网5年左右，应用互联网的WEB技术的软件和应用为主导的教育开始支撑结构化的教育应用，主要目标是围绕上级主管部门或拨款部门的各项考核指标，建立相关的采集与分析体系，代表系统有教学评估系统、科研考核系统、精品课程、资源库、在线课程。准确地说，从 2016 年开始进入另一阶段，2017 年开始，大规模反思慕课和微课效果的文章出现。2016 年，教育信息化进入围绕智能校园建设的特色阶段，这个阶段技术工具转向物联网、大数据和移动学习，信息化教育目标转向发挥自身资源潜力，为学校的发展提供支持，建立学校竞争力，代表系统是实验室智能管理平台、大型仪器共享平台、SPOC 课程、大数据平台和可视化平台。

物联网、大数据、人工智能引发的智能时代，其显著特点是全地域（教学空间、实验实训空间、创新创客空间、科研空间）、全自动（物联网、自动化、视频、地理信息）、全信息（基础服务属性信息、教育业务过程信息、教学工具活动信息）、全智能（报表、可视化、云平台、共享库、数据湖）带来的智能革命。有学者说，中国只进行了工业而没有进行工业化革命，只有到这个阶段通过各种信息收集手段将信息按照业务流程重新梳理出来并有效组织，才能完成教育的"工业化"，也就是我们今天讲的智能化。智能化使得信息和工具代替人的重复劳动，从而节省大量的人力，促使教育者集中精力研究并开展作为"人的智慧特征"的活动，而从信息视角来看，设计是人的智慧活动，排队是信息化的智能支撑，那么信息视角的教育设计，将发挥今后以教育业务角度指导"智能信息化"活动的重要的"人工智能不可替代"的作用。

一　从情怀到变量，教育设计原则中的信息视角

与艺术的偶然性和无法预测性不同，设计需要人的智慧，但也是可以学习和能够复制的活动。教育设计与其他设计的规律一致，基本遵循十个特征：革新、实用、美观、易于理解、谨慎克制、诚实、经久永恒、尽可能少、细节一致、环保。从信息视角来看，教育设计可以从理念和情怀转变成信息学的初步解释和基本原则。

1. 革新。教育是改变世界的信息模板，革新原则与愿景原则在信息顺序（排队）上是等价的。教育家陶行知将杜威的"教育的目的在于让教育继续下去"翻译成"教育即生长"，是否合适还有争议，然而教育是一种引导，引导本身对学生来说就是一种生长因子和革新。从这个角度讲，革新的教师比革新的内容更能引导学生，而教育设计中的革新就是生长因子和改变学生的信息模板。

2. 实用。实用是正向反馈机制，是实用原则在信息学中的体现。诸葛亮谈读书"观其大略、不求甚解"，为的是让学生解。至今还有很多误导的舆论将杜威的"实用主义教育"与功利主义混为一谈。无论是对杜威还是对教育设计来说，实用最重要的是教育对社会的一种正向反馈机制，这是实用主义教育的实质。教育即生活、生活即教育指的是学校与课堂的真实映射。在教育的设计思路上，实用是对社会目标和个体目标的不断迭代，而功利是反人性和反个体的信息压制，两者没有共同点。

3. 美观。之所以需要漂亮的东西，是由于符合人体进化原则的插队效率问题。人类是自然界进化最成功的一个综合信息体，美学是深深地印在人的DNA中的一种自然快速兴奋机制，教育设计的美不仅仅是外在的东西，更是信息学的激励措施。

4. 易于理解。也许是由于人类眼睛进化的时间远比大脑进化的时间长且充分，人类眼睛的反应速度远远大于逻辑的处理速度，甚至绕过逻辑直接进入植物神经反应。为什么好的设计易于理解呢？也许是眼睛的反应速度太快了需要与大脑的理解速度一致，因此我们设计的东西要符合大脑的理解逻辑才行。

5. 谨慎克制。设计更多的是调用人的并行的视觉细胞，而人的理解能力更多地调用神经网络多层链接。好的设计要符合人的思维习惯，视觉系统要为大脑留有革新的空间。教育设计要在革新和实用之间留有合适的顺序间隔，防止视觉超前而脑力掉队。

6. 诚实。在美术史上，无论是遮还是露，人们最终发现身体美的基础是解剖结构，什么艺术风格都要在忠实解剖结构的基础上创新。教育设计也是一样，设计出来的信息结构要与教育主体和目标保持高度的一致性，忠于本体、适度遮掩和夸张。

7. 经久永恒。十年树木，百年树人，经久永恒不仅是品牌传播的效率要求，更是教育系统在时间变量上保持存活性的一般规律。存活性一词来自电力，原意指系统能够抵抗一般的故障而不崩溃的能力。人生没有两次，教育不能重来，面对快速变化的热点、思潮，经久永恒的教育信息符号非常重要。

8. 尽可能少。以某个时间横断面来看，时间跨度的存活性如果变成系统短时期的稳定性、脆弱性、抗干扰性，尽可能少的设计是保证教育系统稳定的智慧。

9. 细节。一花一世界，一叶一菩提。信息复制的稳定性来自一致的复制规则。化学有化学键，信息有键值，细节的一致性是繁殖不变形的基因。教育设计从细节上体现文化和价值观，就要求在信息键的组织方式上全息一致。

10. 环保。一般的设计有修旧如旧、环保的要求，这不仅仅是效率，更是一种继承的规则。教育本身是一种继承，而环保是教育继承的表现。在一个教育设计系统中，当视觉遇到思维的停车场时，思维的化学反应速度远远慢于视觉的光速。这时就要像港湾式收费站一样，放宽自己的视野，按照一定逻辑和顺序组织大脑需要的信息，并尽可能一眼看到更多的有用信息，尽可能按照理解逻辑将信息分成大小车道。尽量少使用一次鼠标，眼睛看到更多有用的信息，并将串行信息尽可能转变成为并行信息。

二 教育空间信息视角的规划与设计

理解了信息视角的教育设计，我们就能从信息视角看待教育设计和从教育视角指导信息化设计。教育设计中的功能、色彩与标识、风格与创意、灯光与明暗、专业与交互设计、休闲与交流空间，绝对不是美术范畴的内涵，而是教育信息范畴的核心。

1. 功能。教育功能设计应该是教育家或校长主导，以教育的信息路径和资源匹配的优化来考虑问题。例如，所有的实验室集中在一起还是分开，图书馆分布还是集中，是物理集中、逻辑分散还是逻辑集中、物理分散，没有20年的教龄和百年延承的学校是不会将其称为设计的。

2. 色彩与标识。中国古代的对联不仅仅是一种内容的表达，更是一种价值观的导向和行为的纠正。对称的建筑、中庸的价值观、左右文字和上面的牌匾自然构成行走的人在纠正系统设计。色彩与标识实际上完成了对个体定位的信息表达。

3. 风格与创意。风格是信息的价值函数，是守纪律还是头脑风暴，是有领导讨论还是无领导讨论，是强调梯度等级还是自由民主的氛围，这些都是风格与创意的核心教育要素。

4. 灯光与明暗。为什么麦当劳的灯光很亮而咖啡厅的很暗？是暗示客户离开还是留下？一般深色和暗色诱导安静和留下，而明光和热烈暗示节奏和离开，灯光和明暗其实是等候时间的诱导系统。

5. 专业与交互设计。互动、示教、班牌、监控、录播、电子化考场、安防，这些都和摄像头、显示屏相关的教育设置的背后是信息表达的交互模式：单向的、多向的、自上而下的、自下而上的、上帝视角的。

6. 休闲与交流空间。不同的交流有不同的信息拓扑结构，如星型、准线型、环形型、双环型、树形型。对于学术报告厅、咖啡厅、创客室、探讨室，不同的要求需要不同的信息设计。

三 信息空间的教育指向规划与设计

除了教育设计中的信息化，教育信息化的教育设计更应该重视教育行政和决策者、管理者、教师、学生，不同的教育角色，其信息模式是不同的，他们在不同的场景中关注的焦点也是不同的。

1. 教师视角。教师注重的是活动，支撑一对一的信息化是最好的信息化。教育视角也是一对一教育信息的体现，教师既需要个性化，也需要展示，还需要深度的内容。

信息个性化：

教师希望看到的是：实验室、教室、办公室；

教师不希望看到的是：表格、填报、管理；

教师希望做到的是：推送、导入、对接；

教师关心的是：学生、作业、成绩、报告、考试、测试；

教师需要帮助的是：学生情况、分组情况、联系地址、历史记录、方便联系到学生、学生角色、隐私。

信息展现：

教师最常使用的是：笔记本；

教师最常见的展示模式是：EI、SCI、参考文献、图表；

教师不希望看到的是：和教学场景无关的东西；

教师希望做到的是：在不同场景看到不同资源；

教师关心的是：课件、设备、学生、成绩、作业、日志；

教师需要帮助的是：成绩册、自动知识点。

信息深度：

教师的价值指向：知识体系、逻辑、科研、前沿；

教师反感的是：管理、浅薄、行政；

教师希望做到的是：自动、帮助、汇聚；

教师关心的是：考核、科研、论文、资金；

教师需要帮助的是：获奖、大赛、汇总、资源池。

2. 学生视角。学生是教育的主体对象，信息化应该为学生提供资源，而资源应该是有效组织的谶语引擎以及导向目标。

信息个性化：

学生希望看到的是：实验室、教室、院系；

学生不希望看到的是：管理数据；

学生希望做到的是：推送、选择、即插即用；

学生关心的是：作业、成绩、报告、考试、测试、分组；

学生需要帮助的是：资源、社群、教师、科研图层。

信息展示：

学生最常使用的是：手机、iPad、笔记本；

学生最常见的展示模式是：地图、触摸、微信；

学生不希望看到的是：敲入网址、鼠标点击；

学生希望做到的是：随时触摸到所有资源；

学生关心的是：作业、协作、共享、摇一摇；

学生需要帮助的是：案例、模板、引导、测试、考试、题库。

信息深度：

学生的价值指向：学到东西、好玩、协作、比赛；

学生反感的是：无聊、灌输、无用；

学生希望做到的是：见效、反馈、评价、排名；

学生关心的是：作业、报告；

学生需要帮助的是：教学引导、自信心、入门、资源池。

3. 管理视角。管理者关系管控的五项基本要素是计划、组织、指挥、协调和控制，因此，针对管理者（管理员、计划员、实验中心）的信息需求是"学校设备有哪些，这些设备在哪里，这些设备谁来用，这些设备怎么用，这些设备什么时间用"。

4.决策视角：对于决策者（如校长和院长），最重要的是有用的数据。决策者也有其个性化的信息需求。例如，管理者希望看到的是数据、报表、设备、项目管理；管理者不希望看到的是教学过程、鼠标、空白；管理者希望做到的是对接、灵活、汇总、查询；管理者关心的是查询、报表、资源、汇总；管理者需要帮助的是数据服务、导入导出、各种查询、打印、日志。

网络时代的"观念之网"?

从问答到教练

公元1475年,有人发明了一种舒适的大型马车,命名为kocsi szeker,随后又简称kocsi。德语借用该词,拼作Kutsche,继而法语转借德语,作coche,最后英语又借自法语,演变出了coach这一形式。从1840年起,coach就成了"私人教师"的代名词,今天我们翻译成教练。苏格拉底发明和光大了一对一的教育实践,提出产婆理论。但是,2500年以后才有了一个针对苏格拉底教育方法的专有名词——教练。

名词虽然出现很晚,但是苏格拉底的理论体系早已成熟。苏格拉底提出教练体系的四个步骤——讥讽、助产、归纳、定义。例如,他首先吹捧教育对象,然后装作不懂的样子问对方什么叫"善恶",对方回答如果是偷窃为恶,他就会问如果偷窃了朋友的作案工具呢?从讥讽到诱导再到最终形成学生重新定义的概念哲学,这就是苏格拉底学生的学生亚里士多德继承和发扬的"哲学在学生那里发生"。学生更重要的是形成观念之网,而不是观念和知识本身。

苏格拉底时代采用师生问答的方式,效率很低;马车发明之后用于固定路线,载人的效率大大提高。"班车"效率的提高,使得学校也逐渐产生这样的组织形式。久而久之,人们开始遗忘教师原本的真的哲学含义,不太重要的知识传授反而成为主流和主导功能。

信息革命的影响和后工业化的来临，使得知识呈现过载特征，这时教师开始回归本质。今天的学生知道得太多而不是太少，今天的信息量远远超出人脑进化和能够吸收与有必要吸收的总量，教师又重新回到教练。一对一是解决排队问题，凡是有排队的地方就有信息化；而教练是解决信息资源的组织、助产、归纳和重新定义的问题。我的结论是：凡是支撑和支持一对一的信息化，就是好的教育信息化。

苏格拉底教学法会在对话开始时赞美学生的才华或者美德。如果对方愿意交谈，那么苏格拉底将提出一系列精心准备的问题。通过这样的盘问，证明学生其实在他本应精通的领域一无所知。进一步，苏格拉底帮助学生诱导出他们原本知道的知识之网，并用新的逻辑组织起来，最终重新定义自己最先回答的问题。

那么，网络时代，教师如何利用网络工具实现苏格拉底的教学效果呢？

讥讽：通过将分组与团队的绑架、将任务布置得有趣有用，通过学生之间的荣誉感和互相批判，通过教师的反证，诱发出学生的学习尊严。

助产术：通过对网络资源的重新梳理和提供及时有用的案例，形成围绕某门课的资源容器，最大限度利用网络资源和尽可能少地占用教师的非创造性和个性化指导，以达到教师帮助学生形成学科的精选的知识资源的目的。

归纳：用任务系统提高学生的参与感和亲临感，通过助产过程提升学生的自信和总结能力，通过降低学生的原创难度，提高学生整体系统的兴奋度和学习热情。

下定义：通过课上是剧场和演出、课下是资源和自主学习的模式对学习任务重新定义，集中学科最核心的哲学概念，用隆重的竞争和仪式感，让学生自己用创造性和概念化的方法重新定义，最终让概念在学生那里发生，形成围绕教育目标的"观念之网"。

记录学生，
画像教师

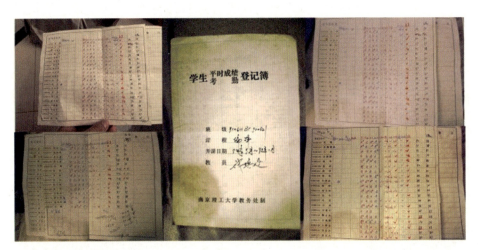

钱老师的成绩登录册

上海外国语大学信息办的夏晴，参加了南京理工大学91级学生毕业20周年的聚会。20年前教大家编译语言的认真而又有激情的钱焕延老师带给大家一个礼物——当年钱老师的课程考勤记录和成绩标注。这个意外的惊喜让退休多年的钱老师成为毕业校友间的"网红"，大家纷纷回忆起校园时光。让所有同学惊讶的是，钱老师保存了自己从教30年所有教过的学生的平时成绩记录册。在同事的印象中，钱老师教基础课，主要教《编译原理》和《计算方法》，人很好，教学很认真，后来似乎还当过信息教育中心的主任，但没有因此写过书，得过什么奖，就像《人民的名义》中的易学习一样，如今和多数老师一样退休了，但是可以肯定地说，他很幸福，很享受30年教学的过程。

上海建桥学院的张家钰教授，2017年年初从副校长的位置上退了下来，退休后又在这所学校完成了一系列的学校体系建设。张家钰说，建桥学院完成了实验室管理系统、综合视讯系统、电子化考场系统、教务全过程系统，在软件和硬件上都不输很多公办院校，但还有一个遗憾，就是时间不等人，在位时还没有完成基于大数据的学生生涯管理，也就是学生画像系统的建设。

这些年，基于评估的管理系统使各类教育机构的管理水平迅速提升，如教师评估论文、评估科研、评估教育成绩，学生评估大赛、评估创新、评估课程，学校评估软件、评估硬件、评估管理。然而，这些评估到位以后，就是好的教育吗？似乎大家并不买账，原因是什么呢？

对比医院的发展历程，最早的医院，是以"病"为中心，一切医疗手段均以严格的科学为前提，医疗手段也逐步以理化指标为前提条件。到了后来，人们发现，达到一定基线水平后，很多病其实是治不好的，而生存期也并非那么重要，代之的是生存质量，以"健康"为中心成为新的医学主旨，而病人健康、医生幸福也成为先进医疗的衡量指标。

再看教育。从6岁懵懵懂懂到22岁大学毕业，这是多数受教育者走过的路。第一阶段以"病人"为中心的教育，将年轻人当作"病人"，用严格的考试检测手段来医治，直到成为体验极差、生存率极高的超级样本。等到一代受教育者回过味来，发现过程很痛苦，画像很丑，更关键的是，成年后才发现下午四点找到了人生的成功，可是人生从早上八九点钟到中午十二点都在痛苦的"治病"过程中。

而对于教师，这种思维让自己变成蜡烛，含泪燃烧的过程中，不满使教师忘记了蜡烛燃烧的过程也是在温暖自己，成就自己。学生是一面镜子，照到的是教师的画像，钱老师 30 年不断地用信息来画学生，也用行为成就了一种美学。

像钱老师这样坚持为学生画像，需要极大的毅力和笃定的价值观。如果学校信息化仅仅还停留在病理报告，而不是去更新成健康报告，那么校园和医院一样不可能成为人们愿意去的地方，也就毫无快乐可言。现在的信息化手段很多，我尝试将一个课程平台和教室、实验室、办公室、学生宿舍、图书馆打通，把更多学生的成长过程记录在案，我发现不同场景中的学生故事是不同的。当我迈向讲台的时候，我告诉学生："对于 48 岁的老师来讲，我比你们更珍惜这个课堂，让我们一起用行为画像，无论美与丑，都将成为历史的底色。"

学生不是病人，教师也不能以划开肚皮为乐趣，虽然有时也需要。

弱水三千，
只需一脑壳足矣

| 容器与微服务

1880 年前后，犹太人耶胡达决定以一己之力恢复古老的希伯来语言。耶胡达认为饱受欺凌的犹太人必须有自己的语言和家园，才能有永久的安身之所。作为教育家的耶胡达做的第一件事，就是让自己刚出生的儿子成为 2000 年来第一个母语就是希伯来语的人。由于犹太人早已融入世界各地，犹太语已经没人说了，犹太文字也仅存于犹太宗教的仪式和记事之中，还好耶稣和他的门徒都是犹太人，基督教的文献中也含有大量的希伯来文字。希伯来语零星地散落于犹太人的口语中，其中最多的是存在于一种叫高地德语（依地语）的方言中。为完成梦想，以耶胡达为代表的犹太复兴运动者开始着手从家园、字典、仪式、割礼、学校中找到犹太人的共同点和凝聚力，接着做的一件事就是成立希伯来语委员会。希伯来语的复兴远超世界的想象，仅仅 30 年，一种连犹太人自己都曾经不说，且经过 2000 年中断的语言复兴了，犹太人与祖先又能通话了。

以上故事体现了今天计算机专业非常热门的两个词汇："容器"与"微服务"的逻辑学教科书。从虚拟化到云，应用概念迅速走到容器和微服务。举个例子，如果我们称"微信"为"容器"的话，小程序就可以叫"微服务"。面对手机 App 所造成的安卓和苹果系统开发升级难题，以及手机上有多个 App 所造成的困扰，微信小程序就像以色列国一样成为一个汇集手机犹太人应用的平台，而一个个小的程序，就成了微小的服务的封装，使用者用完就扔，不必占用太多资源。同样，我们可以称承载犹太人的国家、土地、语言、文字、民族、宗教、商业为犹太容器，而封装纯粹犹太文化的字典、仪式、学校、希伯来语委员会，我们可以称为微服务，这些微服务封装了一种或者几种纯粹的犹太习俗，如果那时的希伯来大学只用希伯来语教技术，那么它就成为犹太微服务。

　　从上述案例和比方中，我想到一个教育学命题。时代在进步，我们每天都发现学生有非常多的东西需要学习，我听说的课程有创客、设计、淑女、国学、人工智能等，那么，是不是应该在学校中开设这些课程呢？本来负担已经很重的中小学生，除了增加他们的课程容器外，还有什么好方法吗？人脑科学发现，所谓的"人的大脑只使用了 5% 的潜能"完全是无稽之谈。智慧的犹太民族，无论是有意还是无意，2000 年来保留了最重要的容器以及"微服务组件"（这又是一个计算机的专用名词），一旦时机成熟，则迅速在 30 年内恢复 2000 年失去的传统（希伯来语），甚至一点都没有走样。因而，假若犹太人 2000 年来又要做生意，又要融入各个民族，还要坚持 2000 年一直坚持的宗教传统的话，那它早就消失了。

　　人的知识与智慧存放在大脑、语言、文字和民族传统中，网络时代还可以存放在网络、磁盘中。2017 年 3 月 2 日《科学》杂志刊登的文章指出，美国科学家已经实现将超过 1PB 的文献存储在 DNA 中并成功复原，随着技术的进步，人类能够将所有的知识存在 4 辆卡车的"肉体 DNA"中。也许有一天，可以存在每个人的身体中。然而，大脑不仅是一个存放的容器，更是一个获取资料的服务机构。人们最早认为事情是通过心里想，后来发现是大脑想，再后来发现大脑是存储知识的机构，在知识爆炸时代，完全可以把知识存在网络、磁盘、书中，甚至人的身体中。大脑还有一个更重要的功能，就是通过微服务接口，找到注册的组件（这又是一个微服务的专用名词），编排进程，去思考。

人类基因的进化速度远远慢于文明的进步。为了适应这一点，人类的大脑除了越长越大外，更重要的是舍弃了很多存储功能。例如，人类婴儿存储的晶体智慧比例也就是人天生就拥有的能力的比例要小于动物，刚出生的婴儿的大脑一片空白，就是为了腾出更多的流体智力积累人类存储在文明而不是大脑中所需的东西。今天，如果我们发现很多新的东西需要学生去学，不必过于担忧，也不必急于将其塞进学生的大脑。人类有人类的记忆规则和生命习惯，当我们发现劲儿不够使的时候，不要先急着补脑，还是要先打通"任督二脉"。

人脑如电脑，今天人脑逐渐可以连通电脑了。然而，弱水三千，大千世界重要的事情太多，有了计算技术和脑外容器，没有必要总想增加脑容量，只需一脑壳足矣。

领域驱动的
教育设计

公元1056年，38岁的曾巩终于迎来人生短暂的安歇期。在过去的20年，原本名满天下的他，由于父亲的突然罢官而不得已挑起全家生活的重担。曾巩的爷爷和父亲辈有13人获得进士，但随着父亲的罢官，家庭顿时没了生活来源，更加重要的是父亲的孩子多（5个儿子，10个女儿），一家老小的生活全部压在了曾巩身上。宋代商品经济发达，曾巩几乎跑遍全部国土，维持生计，没有时间读书，因此几次落榜。然而，在这20年中，曾巩对国家经济和民生有了深入了解，这使得他不断倡导改革，并以一个落榜生的身份上书范仲淹、欧阳修等人，还极力保举王安石，成了一段令人敬佩和有点好笑的经历。无论如何，作为一个商人也好，农民也好，他的文章开始名扬天下。这一年，稍微挣了点钱的曾巩用全部资产开了一个书院——兴鲁书院。天下才子纷纷到来，欧阳修和王安石也应邀讲课。

因曾巩对社会有多年的敏锐观察，因此他倡导的政治路线具有丰富的领域经验，不似夸夸其谈的文人政治家。那么，一个好老师、好校长，如何设计好的教育路线呢？一所新的学校需要什么样的教育模式呢？

曾巩还是有独到之处的，在宋朝，曾巩的名声比"三苏"要大，很大的原因是他与著名的文学家的交互比"三苏"多,其经学早已名满天下,藏书也比其他"唐宋八大家"的藏书多得多。曾巩就是用这样一个靠近当代文学前沿的方式,为他的兴鲁书院注入了活力,一所刚刚成立的学校就这样成为远近闻名的名校。人们一般不知道的是,曾巩带着自己的 3 个弟弟、2 个妹夫参加考试,全部考中进士。后来,10 年之内又有 4 个曾家人和多个曾门弟子考中进士。

曾巩故事的教育意义在于,曾家也许智商较高,但是曾巩的几个妹夫考中进士却是人们不得不重视的事情。绵延 800 年的兴鲁书院并没有像今天很多名校那样总结出什么教育方法,但曾巩在经学、文学、政治上的"领域经验",在我看来是远远高于教育方法的。

如果说曾巩作为一个教师直接带出 10 多位进士成为最著名的教师的话,那么英国科学家卢瑟福就是比曾巩更厉害的一个教育家了。1919 年,49 岁的卢瑟福接到导师汤姆逊的邀请,担任第四任卡文迪许实验室的主任。已经名满天下的卢瑟福自己都没有想到,以后自己的学生会有 14 位获得诺贝尔奖,更想不到的是,会有 20 位顶级科学家出自他的门下,他们是:玻尔、威尔逊、里查逊、查德威克、阿普顿、布莱克特、鲍威尔、科克罗夫、瓦尔顿、卡皮查、索迪、阿斯顿、亥维赛、哈恩等。只在青年时代短暂当过中学教师的卢瑟福当然不会有更多的教育理论和经验,但与曾巩一样,为人敦厚和善的卢瑟福用自己的领域经验,带领一大批顶级科学家创造了一个物理的黄金时代。

在管理界,几个驱动思维成为模式影响着人们在经营、团队、组织方面的效率。

目标驱动,是德鲁克的模型,即把目标分成子目标,子目标达到,总目标就会达到。在此管理思路的驱动下,办一所名校的目标是高考,那么一模(考试)就要好;一模要好,就要高中提前一年把课程学完,高中提前学完课程就要找好的生源。目标驱动本身没有错,但目标一旦错或者偏差了,就会谬之千里。如果卢瑟福所在的学校把目标定在诺贝尔奖而不是科技创新成果,那么就不会有玻尔这样的科学家出自他的门下。

过程驱动,是戴明的管理思路。德鲁克和戴明有点水火不容。在目标并不直接和努力有因果关系的时候,戴明所倡导的PDCA过程管理使得企业管理变成可控的事情。

过程驱动之后的管理发展,呈现出一种与IT高度融合的趋势。管理不离开IT,IT不离开管理。20世纪70年代软件行业的快速发展,对于这种看不见、摸不着、目标不明确、过程黑箱的项目管理,美国军方一筹莫展。这时,卡内基梅隆大学提出一套基于能力的管理模式,将供应商的能力分成初始、可重复、标准化、量化、优化5级,在什么都不确定的情况下,对供应商的能力进行管理,这是一件靠谱的事情。

2012年,我回到敬仰已久的卡内基梅隆大学时,发现这里的元老还在,大名鼎鼎的几个教授与我聊天很长时间也没人来找他们。他们都70多岁了,看得出除了我这个来自中国为他们讲CMM标准引进中国的国标的人对他们还有点兴趣外,美国的年轻教授已经快忘记他们了。能力驱动已经被技术驱动颠覆,不断翻新的开源硬件和开源软件看起来并没有什么靠谱的规划,然而在社会网络的迭代下,效率往往比所谓按照CMM的登月计划的软件开发方法更高效。技术驱动由于不了解业务,失败率较高,然而由于风险投资和快速迭代的作用,技术驱动的车轮还是迅速碾压了逻辑上振振有词的管理思路。

个人端的软件全面被技术驱动占据优势的时候,B2B业务的不可逆转性还是给聚焦业务思路留出一丝生存的空间。从20世纪60年代左右开始的面向对象的管理,到90年代延伸出来的领域驱动的开发方法,一所学校的设计和软件,正如曾巩和卢瑟福的学校一样,是不能用不靠谱的技术驱动实验的。学校的设计需要懂教育的人来设计,而懂教育的人最好不是空对教育信口白说,像曾巩那样的对社会敏感的专家和卢瑟福那样本身就是诺贝尔奖获得者的说服力，比教育理论要有力得多。于是，从 10 年前开始，教育界的管理从现代教育、网络教育转向了领域驱动。

2016 年我到美国加州州立大学访问时，发现其下属的 20 所大学的 CIO 基本上都不是技术出身，这些来自物理、化学、生物、文学院的教授，并不一定具有教育学的背景，却都是富有经验的院长出身，都是业界出色的领域专家。由领域专家领衔的信息办，与信息专家最大的不同是，大幅度减少了技术上硬件的投入，将硬件、软件、数据服务的比值变成了 1∶20∶200。

《领域驱动设计》是一本 IT 设计的书，它提前 15 年成为主流领域驱动的理论，来自计算机学家 Eric Evans 的解释如下：

应该建立一种领域业务专家和开发者一致理解的项目通用语言，领域专家与开发人员使用一致的语言体系。

重视业务模型，不应过早固化规则和模型，以免付出高额的维护代价。

适度完成初始任务，每一次迭代都会对前一个模板的功能提出令人兴奋的整合与细化意见。

尽量避免开发角色划分，使得业务模型与开发实践分离；开发过程是迭代的；开发人员与领域专家关系密切。

主要的焦点不应着眼于技术本身而应该在领域和领域逻辑方面。

极力反对前置设计，抛弃那种业务不明确就想立标准的想法，将大量精力用于沟通和迅速转向能力；每个阶段可运行最简单的事物。

领域模型的重点不是开发人员的 ER 图，而是要表达思想。

开发尽量使用业务专家可理解的原型，原型应该具体化，能使得领域专家更加清楚模型的含义和关联。

开发人员重点在于领域知识的消化，领域模型的不断精练，而不是机械地产生新的功能。

领域的核心是业务模型，业务的核心是逻辑，逻辑应该和界面分离，不要让不重要的事情干扰业务主逻辑的运行。

领域驱动的教育的容易理解的直观变化就是，一所学校的大楼或者新学校的校园的设计者不再是后勤部门，也不再是著名的设计师，而是校长。这位校长不再是夸夸其谈的教育理论家，而更可能是一位出色的化学家和文学家。文学家和化学家要想设计一所好的学校，不在于自己专业的成就，而在于专业视野和自信心。

有一年暑假，我与一位一流大学的化学专家见面。整个暑假，他都在忙一件事情，即为上海（或者教育部）编写新的高中化学教材。作为教授他告诉我，他等这一天等了很多年，这些年最不能容忍的是他的很多学生告诉他，中学课本就是这么教的，而所教的不仅过时，还可能有严重错误。这位化学家认为自己在做一件很伟大的事情，那就是不能再让只懂中学化学的教师编写教材了，只有顶级的化学家才明白中学化学课所需要的领域知识。

我又征求了几位其他学科知名专家的意见，他们对于中学教材的普遍意见是：①物理教材停留在麦克斯韦和牛顿力学，而影响现代人最大的是量子力学及其哲学思辨；②中学生物教材对分子生物学的盲区使得中国人普遍对转基因出现误判；③化学教材的训练不足使得朋友圈营养学伪科学乱传；④围绕力学和材料计算为核心的微积分教材基本上是100年前的思路，而现代AI和计算机类的科学更需要将矩阵加入中学教材。

过去我们说业务导向，它与领域驱动最大的不同在于，业务导向是一种思维，领域驱动是一种编程方法，并且近年来不断被迭代和实用，已经成为一种成熟、可复制、可操作和不断被验证的实践。这种实践不仅可以在教育信息化上发挥作用，更可以几乎原样照搬到教育管理和教育设计的所有过程。领域驱动不同于教育专家驱动，关注"螺蛳壳里做道场"，而是从更高、更直接、更靠近尖端的模式，直接碾压不管是对的还是错误的教育理念，不是教育理念和方法对与不对、怎么教的问题，而是教什么的问题。

回顾教育3000年的发展，观察著名教育家的背景不难发现，教育家往往先成为领域专家，才能在教育届一展才华。再观察微观的家庭教育，父母专心于事业的领域榜样，往往比花心思使用"教育方法"能让孩子走得更远更稳。

领域驱动不是让没有领域制高点的教育学者和专家无所事事，而是要促使他们紧密地依托领域做好教育的事情，不是封闭圈子搞教育。例如，教育的三个最重要模型——知识、技能、体验，都要和领域密切对接：知识要以领域为导向，力争10年不过时；技能要以领域的工具为标准，力图20年不会忘记；学生的学习体验要以领域的制高点为标杆，力图30年不可磨灭。教育中最重要的服务——资源服务、学生活动服务、评价服务，都要与领域高度互动，以领域资源为标准，以领域评价为指南，以领域的活动为映射，打造一个校园与社会高度一致且超越现实的教育模板。

审视句读：
教师厚积，学生薄发

我们先说一个名词——阅读障碍症。

阅读障碍症，简单说来是它一种大脑综合处理视觉和听觉信息不能调协而起引的一种读阅和拼写碍障症。很多患者是商智极高，甚至包括天才型的人。比如达奇芬、爱迪生、爱因斯坦、肯尼迪等在儿童代时都被为认成绩极差的"笨孩子"，最后现发他们都属于阅读障碍症的型典例子。

上面这段话你能读懂，恭喜你，你没有阅读障碍症。事实上，上面这句话，我颠倒了十多处词序，之所以读者能读懂，是因为人类的阅读是一种视觉（眼睛从左到右移动，同时几个字符，但不断重复）和语言（读的时候一般是要念的，且不是一个一个字地念）以及语义（阅读的时候调动起大脑碎片化的知识系统）的综合行为。没有阅读障碍症的人，对语音语义和文字的容错能力很强，但有些人不能容错，不能将正确的视觉、语音和语义准确地关联，这类人有可能智商低下，还有一种可能就是天才。恭喜你，如果你读第一段读了好几遍，你很可能就是天才，当然写这段文字的我也不是笨蛋。

我们正常人阅读，能够快速高效地调动我们的形象、表象、意向，为了高效，很多东西不会被细细思考，因此也就错过了很多深度的逻辑，又由于很容易通过文字中间的联系产生意向,因此三维和图像的大脑锻炼相对较少。回到前文所说的那段文字,如果是正常人也就读过去了,然而当其中可能藏着更深刻的道理的时候,读得太快就会错过了。

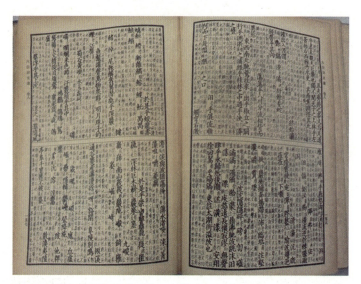

即使用今天的网络信息视角看,中国古代的这种句读,也是先进至极。

很多人读中国古代的善本书有一个很大的疑问,那就是怎么没有标点符号?事实上,无论是竹简还是纸书,古代汉语书籍的标点符号非常发达,种类和功效甚至超过今天。之所以很多书没有标点符号,是为了教师教书和学生学习时能有一个发挥个性的"基础素版",因此叫"学习素材"。原书是黑白的,句读可能是红色的。在《礼记·学记》中,关于句读有一个具有广泛影响的说法:"一年视离经辨志。"这就是说,小孩读书一年以后,要考查"离经辨志",所谓"离经",就是句读经典的能力。为了这种"离经辨志",书要印"素"才行。

古代纸是很贵的,因此文言文盛行,句读也很节俭。随着媒介技术的发展,信息过载成为一个问题后,我们又要重新回到经典、回到句读。信息充分并不一定是一件好事,找到经典以及深度慢阅读,反而是现代教育所缺少的。这也给我们提供了一个新议题。

我有一门"网络工程管理"课程已经教了 11 年，虽然教材是自己写的，案例也是自己操刀的 2000 万级项目，但还是觉得不踏实。如何让学生拥有 10 年不过时的知识、20 年不被淘汰的技能、30 年不会忘却的体验呢？在之前的课程中，我一直没有很好地解决"聚"的问题，一直没有解决好"深度学习"和前沿的问题。有一段时间听句读，逐渐有了体会，那就是：如果能找到一篇既前沿又涵盖经典的知识点，且有趣和综合的文章，围绕这篇文章进行句读的解释，在课堂上就能体现更多的学问而不是花哨。

再回到开篇那段错误连篇的文字，网络时代最大的阅读障碍恰恰在于不能深度阅读，而潜在的深层内在逻辑恰恰是学校的真正价值，要做好对学习的引导，最重要的是教师厚积、学生薄发，而薄就需要寻找经典、找到经典，又符合前沿，然后慢慢读，把自己当作一个阅读障碍者去读。

面向信息的
数学教育

　　1969年7月20日人类首次登月，这在人类历史上是巨大的进步。阿波罗计划不仅给军事工业和航天工业带来巨大进步，而且拉动了美国的工业水平。但几乎与阿波罗计划同期的另一项数学工程很少被我们提起，那就是地图四色定理的证明。这次数学界的"阿波罗计划"诞生了不亚于航天进展的另一个名词——离散数学。与阿波罗计划一样，由于没有经历这个历史的过程，今天中国人心目中的数学，尤其是基础教育沿用的数学，还是围绕力学计算的数学，而无论是英国的数学还是美国的数学，基本迈向了围绕计算机的数学。

　　那么，在计算机和信息领域最需要的数学，今天被我们叫作离散数学的东西，到底包含哪些内容？为什么需要从小学习而不是到了本科以后才学习？总体来讲，面向信息计算的离散数学，包含以下几方面的内容。

　　1. 集合论部分：中国学生很难理解罗素的理发师悖论的重要性，也很少有中国学生知道自然数与偶数一样多，到了20岁以后编写程序，软件工程师在面对计算机中的非空、有解、判冲、排队等问题时并不占优势。

　　2. 图论部分：中国人普遍对于图示的丰富性和逻辑性难以习惯，以致多数中国专业人士也仅限于饼图、直方图，而国际通用的极地图、因果关系图、脑图等并不常用，这造成他们成年以后在计算机性能算法上不仅做不出来很炫的展示图，在数据库算法逻辑上也没有优势。

3. 代数结构部分：我们使用的不是符号语言，使得在计算机编程中需要思维跨越，再加上我们的基础教育中没有针对性地补充代数课程，因此中国的工程师在计算机领域不能将代码清楚表达出来，反映在软件工程上，表现为在程序设计时子程序引用过少、注释不规范、变量引用不规范，甚至由于从小没有通过学科建立从小误差估计的常识，以致经常在很多严肃问题的讨论中闹出很多笑话，影响计算效率。

4. 组合数学部分：问卷处理是美国中学生常用的工具，然而中国很多研究生对信度和效度计算还一脸茫然，面对作为西方市场经济与帕累托最优在价值观上一脉相承的历史逻辑，东方文化很难建立有解无解的概念和内在逻辑。

5. 数理逻辑部分：中国人比较注重计算，这也带来一个问题，那就是在从概念逻辑到数理逻辑上并不占优势，反映到数学算法方面，我们的程序员面对干扰变量的错误率高得离谱。而美国学生从高中一年级就开始使用的变量计算器虽然降低了学生的原始计算能力，但是却大大强化了他们的数理映射能力。

那么，为什么数学"那么差"的英美学生中，能产生那么多计算机天才呢？我们要看他们的学科体系。在美国和英国，想要上好的大学，必须经过AP或者IB课程，这些课程中的数学就包含很多离散数学的内容。但是还不足够，要想上好的大学的好的专业，还必须提供除了AP课程外的SAT2的数学成绩。

文章写到这里，还想多说一句。奥数不适合每个孩子去学，然而它却比AP和IB包含了更多的离散数学的知识。然而，如果对软件公司做有关核心开发的人员进行统计，会发现相当一部分人是得益于奥数的训练的。

一代蝴蝶迭代一代蝴蝶，只有树知道

| 蝶代，迭代

弗雷德与PS397号蝴蝶

每年春天，当第一缕阳光照射到蝴蝶谷的冷杉林时，1000万只蝴蝶突然被阳光唤醒，发生了爱情。被爱情焕发了青春的雌性帝王蝶组成团队开始往北飞到达美国南部，产卵、生子、死亡。然后，第二代继承前辈的遗志继续北飞,到达美国中部,产卵、生子、死亡。如此复制,一直到第四代再向南飞向曾祖父和曾祖母相爱的那棵树。

帝王蝶的现象像一首诗,科学家破解这首诗却用了近100年。

食物链与环境:帝王蝶的幼虫吃一种叫乳汁草的植物,这种植物有毒,可以帮助帝王蝶避免天敌。1000万只帝王蝶从墨西哥出发到达加拿大时已经超过1亿只,种群的扩大是追逐食物的地域扩大的结果,第四代出生的时候,时间已经进入夏末,天气渐冷使得来不及交配的帝王蝶飞行超过6000公里回到墨西哥。

迭代:高尔顿发现,如果一个物种稳定,子辈会向着平均值回归。高尔顿的这个发现成为统计学的里程碑,使得迭代数学有了广泛的应用,也使得迭代不仅成为一种工程方法,更成为一种哲学思维。"迭代"就是进化,帝王蝶200万年的进化,就是血淋淋的优胜劣汰的概率分布。

技术纠偏系统:仅仅用概率无法解释蝴蝶这么精准的组织行为。自弗雷德发现帝王蝶的迁徙规律后,科学家陆续发现该蝴蝶是依据太阳和磁场来定位——在2009年发现是靠触须进行磁定位,继而又发现是基因遗传定位,2014年又发现太阳和磁场的六个变量以及输入输出函数,2016年中国科学家谢灿发现磁蛋白。正是一系列纠偏技术的使用,保证了蝴蝶飞舞不仅是一首诗,还是一道题。

毫无道理的回归点:科学家陆续发现帝王蝶的四个亚种,据此也弄清楚了从200万年前帝王蝶开始的迁徙行为。通过对地貌的变动研究,基本明白了帝王蝶为什么要回到墨西哥。至于为什么要回到曾祖父和曾祖母相爱的那棵树,生物学的解释使得人们更加佩服帝王蝶的智慧:回到同一棵树的努力,使得帝王蝶保持遗传的相对稳定,有利于群体进化。

每代蝴蝶寿命短的6周,长的8个月,用人的寿命纪年,每代人如果是25年的话,正好百年完成一个轮回。《管子·权修》云:百年树人。惊人的巧合，指出的却是往往被我们忽略的一个教育学的道理：教育是一代人传递给一代人的行为。

不能预测某个个体的教育，并不意味着教育无所作为。作为百年教育的生物统计规律，或许我们能够从蝴蝶身上得到以下教育学规律。

1. 迭代：作为教育政策，应该允许冗余，允许试错，不断进行过程优化，每次将教育的偏差缩小，是符合教育大规律的。

2. 基因：保持文化和基因的稳定性与多样性，有利于教育的持续性。从这个角度看，家风、民风、门风、校风不但不应该随着信息的通畅而消失，反而应该加强。

3. 食物链与环境：追逐食物、追逐就业与培养有用的人，永远是教育的基线标准，生存、竞争和择食而居，对教育而言永远是顺势的生存法则。

4. 技术纠偏系统：教育中，无论是什么好的理论，如果教育基线出了问题，多好的情怀都没有用。教育的技术纠偏准则就是考核和选拔，虽然教育的真谛不取决于此。

5. 毫无道理的回归点：教育最终是一种情怀，一种一代蝴蝶看不到又一代蝴蝶的飞翔，是隔了四代才达到安宁的目标系统。

因此，教育不只是一棵树摇动一棵树，一颗心温暖一颗心，而是一代蝴蝶迭代一代蝴蝶，个中道理，只有树知道。

灵魂走得太快，
却还是留下谶语作为路标

上帝视角与全息教育

上帝视角

先看近十年的诺贝尔文学奖。选取的视角不同，得出的结论自然不同。在我看来只有两类：一类是诺贝尔文学奖颁奖词中所讲的，奖励其对文学方法的贡献；另一类是赞美其描写视角对人类的启示。

描写方法：鲍勃·迪伦，音乐与诗意；斯维特拉娜·阿列克谢耶维奇，复调书写；马里奥·巴尔加斯·略萨，对权力结构进行细致的描绘；赫塔·米勒，专注于诗歌以及散文的率真；爱丽丝·门罗，短篇并成体系。

表达视角：帕特里克·莫迪亚诺，记忆的艺术；莫言，幻觉现实主义；托马斯·特朗斯特罗姆，凝练、透彻的意象；让-马·居·勒克莱齐奥，背叛、诗意冒险和感性迷狂；多丽丝·莱辛，用怀疑、热情、构想的力量来审视。

上述文字一改我过去文章的写法，是最无趣的一种，原因是我想用来说明，这是文学手法的第一人称方式——"我"的视角，这也总是被几乎所有文学刊物的编辑作为拒稿的初步筛选。在世界名著中，这种视角一般只用在主人公有特殊性格或者异常经历的情况下，比如《阿甘正传》和《尘埃落定》，主人公是低能儿，用他们的眼睛看世界，显然要比站在正常人的角度看他们更有趣。

在成熟作品中，使用最多的是第三人称，跟随着主人公，或者一个（或几个）叙述者展开故事，只讲他参与的、看到的、听到的事情。在这种情况下，如果想获得诺贝尔文学奖，就只能在描写方法和表现手法上有独特之处，如鲍勃·迪伦的音乐、赫塔·米勒的短篇和内在逻辑、赫塔·米勒的诗歌，以及非常多的基于民族特点的独特表现手法对文学史的贡献。

然而，第三人称的叙述局限性也很大，许多作家获奖就是因为站在独特甚至魔幻和梦境、超现实的视角，描写只有"上帝"能够观察到的世界，如角度、过去、将来、意识流等。这种写法的难处在于，只要过了线就会使作品提前剧透而毫无乐趣，正如小时候经常讲的故事的开头和结尾："从前有一个美丽而善良的姑娘……""……从此王子和公主过上了幸福的生活"。

文学作品的春秋手法，总是领先技术太多。多少年后技术发达了，我们才发现虽然文字是蹩脚的使者，却也是领先的路标，而文学作为全人类的思想，不仅仅是文字的引导者，更是最好的和根本上的教育工作者。在没有多媒体的400年前，曹雪芹使用的"上帝视角"可以秒杀近20年的所有诺贝尔文学奖获得者。

对于曹雪芹在《红楼梦》第十五回中二丫头的路标，我认为是15年后的巧姐提前穿越。《红楼梦》第五回，写贾宝玉到秦可卿家里午休做梦，梦到了所有主要角色的结局，这在文学写法上一般是大忌，曹雪芹妙就妙在用"梦"这种雾里看花和"诗"这种或隐或现的路标，再加上各种环境变量和有可能故意遗失的后四十回，将上帝视角的春秋笔法发挥到极致。整个《红楼梦》可以说围绕着秦可卿对王熙凤说的遗言和对贾宝玉梦境的暗示，最终开悟贾宝玉。而曹雪芹用一个悲剧撰写人生，如果说结局并不美好，但从人生来说，又有谁能说贾宝玉的一生没有充满人生的精彩和丰富呢？只是曹雪芹的灵魂走得太快，只留下文字的路标。

作为对比，秦可卿临终时对王熙凤作了两点交代：第一，让王熙凤在祖坟旁多买田地，没收家产是不会没收祖坟的家产的；第二，让王熙凤把学校办到祖坟旁边，以后即使被抄家，子孙清贫也能有个教育的安顿。只可惜，这种第一人称的教育者虽然看到只有上帝能看到的未来将发生的事，而被教育的王熙凤还是听不进去，正如我父亲当年以第一人称教育我一样，说得都对，但很烦人，也正如祥林嫂不断述说自己的苦难一样，听众虽有爱心，但并不领情。

秦可卿对贾宝玉的说教就有效得多，先在梦中让贾宝玉预先体味到放纵的欲，再剧透悲惨的情，这却是宝玉自己做的梦，然后再用后面十多年时间体会和验证，最后走向大佛的境界。举一个小例子，在第五回贾宝玉看到王熙凤的女儿巧姐纺织的画，而在刘姥姥又说出了是因织女牛郎相会那天生的而起名"巧姐"的谶语，再到第十五回秦可卿葬礼路过一个农庄，贾宝玉突然看到一个漂亮的织女在纺线，顿时有所感觉。这一回，王熙凤因为对秦可卿关照的"多买地和在祖坟旁办学校"根本不在乎，因此王熙凤因为上厕所是根本看不见这个织女的，而贾宝玉第二次见到这个女孩时，王熙凤又已钻进了轿子，贾宝玉想追，却发现织女已经带着一群孩子，过自己的日子去了。这一晃，二丫头给宝玉留下了路标，也给我们留下了路标，二丫头是不是巧姐呢？如果是，曹雪芹用的超现实写法可谓超越文学史 400 年；如果不是，整部《红楼梦》将这种让人遐想和启示的东西结合在一起，却又是绝对成功的体验小说。作者写文章有两种写法：一种是让千万个人爱不释手，另一种是让读过的人多读几遍，而这两点曹雪芹都成功了。

如果教育工作者的课程能够如曹雪芹的作品一般，让千万个学生都喜欢，又让千万个学生如贾宝玉一样，即使明知结局，也要充满情爱地走过人生，那么，教育工作者是否也成功了呢？

只可惜，曹雪芹走得太远，只为我们留下了路标，而 400 年后曹雪芹的路标逐渐被技术展现和理解。虽然等到教育技术跟上脚步尚待时日，但"上帝视角"的启示，却对我们具有非常重要的教育意义。

2003 年，《模拟城市 4》由美国艺电旗下的 Maxis 制作发行，这款 3D 游戏允许玩家以三个视角——上帝、市长、凡人来扮演城市的角色。从此，曹雪芹的春秋笔法有了一个专属的名词：上帝视角。游戏要好玩，一定要有剧本、谶语，教育要想成功，成为杜威所说的"教育的目的是让教育继续下去"，那么读者和学生"猜"的过程和实践，就要和教学场景铺设的信息条件密切相关。

我经常在想，人生最美好的时光是哪一阶段。当然，如果问绝大多数人这个问题，得到的结论可能相当一致，也就是从 3 岁到 25 岁左右吧。但是，人类社会又给我们开了一个玩笑，让处于美好年华的我们去幼儿园、小学、中学、大学读书，读这些书的目的是什么呢？第一人称的"市长"或者教师总告诉人们，是"为了 25 岁以后奉献社会"。这个"市长"太可恶，凡人好不容易来世间走一遭，历经苦难，最美好的时光就已经过完了。好在，"上帝"在笑。

正如近年来诺贝尔文学奖获得者所展现的多重"上帝视角"带给人们的思考，文学的高度就是思想的高度，而思想的谶语就是教育的路标。贾宝玉的前世、林黛玉的前世，有各自的情缘，还有带给现世的灵物，即使在第五回知道结局,曹雪芹的教师章法还是恰到好处地用佛、用道、用"情可亲"给贾宝玉这个学生提供了过程的精彩。即使贾宝玉知道人都会死,情终会尽,家都会散,但是这种"教师打点猜谜"的负熵结构,还是让他的青春充满精彩和感悟,而不是从小就遁入空门。这何尝不是人生的更大精彩呢?

那么,教育和校园,又是什么呢?教育是人们历经的过程,而校园是青春王国的"大观园"载体,即使学生早就知道要毕业、分别,要学会知识,要面临中年人生平静期,要与心爱的同学分离,与暗恋的女同学没有结果。然而,如果设计得合适,让信息空间的前世——校友、教师、故事的历史图层沉淀;让校园学习的现世——实验室、仪器、设备、社交网络、知识点等即插即用;让校园的来世——如果这样、如果那样,给学生、师生、团队以各种可能。如果像上述那样,教师干什么呢?干上帝干的事情,干曹雪芹干的事情。每一届学生都是一届作品,每一僧、一道、一可卿,都有一个宝玉;每一钗正册、副册,都有独特的谶语。那么,学校是不是人生最美好的地方呢?

基于以上设想,我一直致力于体验校园及其信息化的构想,而我的伙伴叶铭博士总是能将这所大观园一步一步地设计出来。我在想,学生进入实验室,能否打开手机,找到自己,如上帝那般进入某种模式。摇一摇能找到设备,拍一拍能回溯过去,扫一扫能侵入场景,过去和历史沉浸在校园中随时可取,现在的资源全息可获,未来的情况可随时进入增强模式——考试、作品、测验、团队、创新。教师如同导演,不断在校园中设计路标,如佛,如道,如可卿。

也许青春必定逝去,也许学生都要离校,但如果有了全息模式的校园,是否青春更加精彩,就像谁都不会否认大观园的回忆一样?也许我有一天会失去黛玉、怜惜宝钗,困窘无比,但是正因为在美好的校园中待过,有朝一日也会突然受佛引导,受道启发,绝卿而去,自己成了道,成了佛,成了教师,那么,下一观我的大观园,小宝玉、小黛玉更加幸福,更加美好,大观园中的我，一起与僧道、可卿留下合适的谶语。

以下是我设想的、叶铭博士设计的、已经在部分高校实现的"全息视角实验室"。

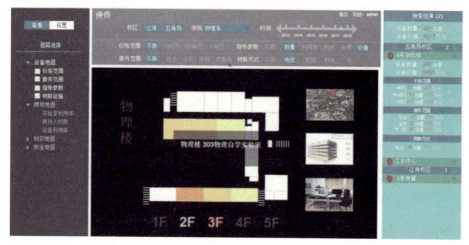

知识地图

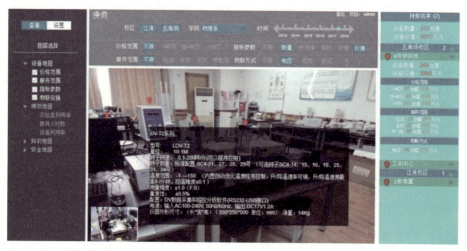

获取当前工位仪器设备信号并进行呈现

PART2　慧眼　信息时代的设计变革

全息视角：摇一摇、扫一扫、拍一拍

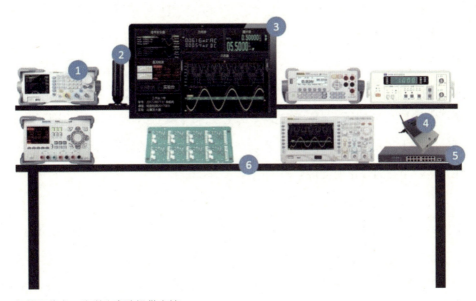

智能工作台，为学生实验提供支持。

滥竽何以充数，
小站可以练兵

古代中国有一个国王，能力不济，糊涂得要命，经常做傻事，做了傻事后又经常向大臣和王后承认错误。此人好大喜功，喜欢大排场，每次碰到不懂的问题就问成百上千的门客，门客们你一言我一语，他也就没了主意。于是，国王娶了两个妻子，一个美貌无比用来显摆，一个丑陋无比却很有主见，这个国王在任的时候倒也平安无事。

国王有个儿子，英俊潇洒，能武善断，儿子继位后，把老国王留下来的所谓才子挨个考核了一遍。就这样，最终只剩下真正有能力的几位大臣。后来，小国王重用的宰相造反，差点要了他的命，选拔的外交大臣是外国的间谍，自己结交的真正朋友最后杀了他。

儿子呢，叫齐闵王，重用的宰相叫孟尝君，那个外国间谍叫苏秦，要小国王命的是楚国将军。老国王呢，叫齐宣王，重用了一批游说人士，如孟子、荀子、驺衍、淳于髡、田骈、接予、慎到、环渊等，后世称这些人学习的地方为稷下学宫，是中国最早的高等学府，也孕育了春秋战国百家争鸣最精彩的时段，糊涂的齐宣王成就了齐国最强盛的年代。

如果大家还不明白，那么好，关于这对父子有一个被韩非黑得最厉害的成语——"滥竽充数",韩非为秦国服务,黑齐国理所当然,但正是当年齐宣王收留了韩非、李斯共同的老师荀子,而齐闵公继位以后被黑的"南郭先生们"去了哪里呢?历史告诉我们,去了吕不韦的门下,也就是与韩非做了同学。

对于滥竽充数的故事,我从小就怀疑,交响乐最忌讳杂音,比独奏难多了,爱好交响乐的齐宣王如何识别不了南郊的乡下人弹棉花的声音?与我一样有这样疑惑的,我想一定包含100多年前的袁世凯。1895年,袁世凯小站接受任命,开始练兵。他发现甲午战争中,无论是军事装备还是作战谋略,单项技能一点不差的北洋水军为何就一败涂地?袁世凯认为,军队训练打仗是一场合唱而不是独奏,于是采用了世界上最先进的德国军队的训练体制建立一个以合奏为基础的"军乐团",取消由"角儿"组成的戏台班子。袁世凯建立了中国第一所以现代分工为基础的军事院校,举措大致如下:

1. 建立一套军事院校的培训体系和第一个军校,中国军队的士兵的晋升第一次不是由打仗勇猛决定,而是由专业素养决定。

2. 建立一套近代陆军招募制度、组织编制制度、军官任用和培养制度、训练和教育制度、粮饷制度等内容的建军方案。

3. 创立了步、马、炮、工、辎重等诸兵种的合成军制,这是中国的兵制第一次和西方各国的兵制接轨。

4. 制订了一整套如训练氢气球释放,在炮场上训练单炮,在校场训练打靶,一起做部队机械体操,在广阔地区进行军事演练的模式。

这样,只用了几年时间,全国的新军就完全控制了大清的军事中枢,为后来的辛亥革命的成功奠定了重要的军事基础。

北洋新军用汽艇与炮兵配合

之前,清军的组织是毫无专业配合,之后中国逐渐有了现代的军事训练体系,原因何在?其实袁世凯不过是采用了齐宣王的策略而已。现代军事训练体系没有在中国诞生,不仅仅是韩非子误导使然,农耕文化的基因也是不可忽视的原因之一。

其实,在齐宣王即位的 100 年前,齐国人孙武就帮助吴国建立了近似现代的军事演习系统。苏州的穹窿山,海拔虽然只有 300 多米,却是平地起坡,非常方便指挥和撤退。孙武就直接向吴王演示了如何指挥妃子战斗。孙武和伍子胥一道,充分考察了地理和水文条件,认为太湖东岸的丘陵和平原之间(西面有湖泊、丘陵为屏障),不利于楚国进军,且能为筑城提供大量石料。吴中平原沃野,是鱼米之乡,正是绝佳的大后方。而胥江通航在当时意义重大,吴国的舟师可直接出现在安徽芜湖市附近的大江之中。据说当年吴国六万水军,由太湖出发沿着胥溪悄悄西进,突然出现在巢湖楚军面前,结果五战五捷,攻破楚都郢。另外,苏州西南方向的阳山产白泥,"可用泥墁,洁白如粉,唐时岁以供进"。天平、灵岩等山产花岗石,洞庭西山、光福、邓尉等山产的石灰石,尧峰山产的黄石以及太湖沿岸和湖中洞庭西山等岛屿上出产的太湖石等,为城市和军事的长期建设提供了取之不尽的建筑材料。

苏州照理是吴侬软语之地，然而这里的地势和文化，却诞生过伍子胥、孙武、夫差、阖闾、范仲淹、韩世忠、张士诚等一批军事将领，这不能不说和苏州利于演兵有关。

穹窿山附近平地起坡、运河环绕，在2500年前可能是多兵种协同的最佳演兵之地。

教育与军事系统非常类似。军事系统的经验教训往往领先于教育系统的改良。如果将孙武在穹窿山演兵所提出的"孙子兵法"作为知识，那么林冲训练八十万禁军的单项枪法就是技能，但仅有这两项是不行的，北洋水师全军覆没当然有制度的原因，但缺乏军队统一的动员系统和大规模跨兵种的协同演习训练是导致军事失败的最重要的因素。正如袁世凯看到了一个缜密和谐的军乐团不仅仅能鼓舞士气、统一步调，更重要的是能够改变军队懒散和各自为政的管理体系。在信息传递方面，袁世凯使用了汽艇来观察敌情并及时指挥炮兵和陆军、机械化部队联合作战，这些是甲午战争失败时清军没有的思维模式和训练模式。穹窿山附近平地起坡便于观察敌情和统一指挥，运河和太湖水道纵横贯穿便于调动水军和后勤物资，江南物产丰富、人民勤劳，便于调动资源，苏州盛产柔情的同时盛产铁汉，其原因也在于具备"合奏"所能提供的多兵种训练体系的基础条件。

这些年我做过不少有关大学生创新的教育系统，也观察过不少学校的实践，自己的课程也用新的方式教过10年以上20多个批次的学生，从信息化中获益匪浅。教育部协同创新项目中有几个项目是我负责的，我发现一个值得注意的问题是，那些关注"比赛""获奖"的所谓"示范性中心"，普遍呈现出基础薄弱和团队很差的特点。其中单兵能力很强、注重个人英雄、不惜牺牲整体利益的"齐闵公"，在教育实验中最终往往是失败者。

那么，如何设计一个大学生创新系统支持团队间的多兵种配合呢？汲取军事演习的经验，我搭建起一套为学生"团队军事演习"准备的"网络小站"和"网上穹窿山"。

竞争团队：类似红军、蓝军等的配置，按照文化、能力、配合、成绩等的指标平衡分组，构建网络分组系统，便于分组学生之间的信息通畅和资源共享。

角色分工：按照类似军队演习的角色，参考商战的角色，大致分为商务标书、用技术讲故事、发明专利、实用新型专利、网站和小程序编制、数据库和软件编写、硬件和开源系统搭建、网络和系统构建，按照兵种进行分工。参考军事演习的暂停策略，同一角色的不同团队成员在一个固定期限内可以看到同一角色的兵种的信息资源。

后勤补给：打仗打的是后勤，创新系统的关键是要有一个好的知识库，军事演习比打仗更能体现参谋长的能力。我将企业的大量过程性资源布置给学生作为参照，时刻关注学生项目进展，作为指挥官随时知道兵力走向。

知识配装备和复盘。演习和军事战斗的最大不同是加强结构化知识的梳理，提升军事素养。教师要为学生布置和演习以及创新密切相关的知识资源。

技能系统。对于某个兵种或者某个实验项目，需要实现训练和实验项目配备，在军事演习或者比赛时随时反馈。对于有问题进行不下去的项目，要及时进行过程引导。

评价系统。军事战争是拼输赢，军事演习是找问题。因此一个逼真的创新系统，能够准确、全面地记录大学生创新过程中的文档、日志、行为，并将他们的考试、测试、出勤、行为、团队、实验项目、作品等的成绩方便、及时、全面地收集是非常关键的。

信息是浪,知识是岸,学生为船

 信息技术如何改变不同类型的教育?

这么好的学校,可惜关了。我关心的是,这些完全不同习惯的学生如何融入传统学校?

2017年11月,两条标志性的消息在教师社交媒体热度较高:一是著名在线教育平台COURSERA境遇不佳,从过去的雄心勃勃到不断降低预期;二是由扎克伯克投入巨资成立的特别创新学校Alt School关闭除了总部之外的所有校区。至此,这场源自 2012 年的在线教育热潮轰轰烈烈地探索几年后,正式跌入深谷。事实上,端倪早已显现。从 2018 年开始,大规模的慕课建设就已经冷却,而 2016 年热度不减的"微课"一词 2017 年在我的教师朋友圈中一次也没出现过了。

在信息化的视角下,"教育"到底是什么?我试着用基础教育、职校、高校中的教师、知识、信息、学生的关系,理一下思路。

| 校园是河,学生为船 |
既不能靠左岸,又不能靠右岸;
顺流时靠地势,逆流时用力牵。

这一轮在线教育的热潮其实来自高等教育,而基础教育发展了几百年,无论学制、内容还是教育方法,都已经非常成熟。技术创新不能说对基础教育没有较大的改观,但是要想撼动成熟数百年的体系也非易事。信息对于基础教育来说,像河水,学生是河中的船,相对于海水,河水相对稳定,流向相当固定。知识是信息的两岸,教师要引导学生在信息的河中正确流转,信息太多了要适当筛选,信息太乱了要及时纠正,信息正确时要因势利导,信息负面时要力挽狂澜。从这个角度看,扎克伯克用开军舰的方法开河船,反而不如上海各区教育信息中心的网络教研。也因此,英国向上海取经而不是纽约。

有了上述对基础教育的分析,下面对于职业教育和高等教育的分析就很容易理解了:

| 技能是湖,学生为舟 |
湖心与湖岸一般深浅,此岸与彼岸围成一圈;
出发与到达定好泊位,撒网和捕鱼方见真传。

| 创新是海，学生为轮 |

出发时看不到彼岸，行进中找不回起点；

顺流时把握准星辰，逆流期须挂起风帆。

同样是教育，基础教育相对稳定，知识也相对固定，万变不离其宗；职业教育更多的是应对技能和社会现实分工的岗前素质教育。高等教育受信息化冲击最大，因为回望不到起点，技术的发展也很有可能看不到彼岸。北京大学的郭文革教授认为，过去100年，影响教育思潮最大的两股势力一是"系统化教育思潮"，二是"在线教育思潮"，他进而得出自己的结论：高等教育需要的是"大纲、活动、评价"。关于"大纲、活动、评价"，美国比中国好很多，然而这一轮美国高等教育改革或者说在线教育热潮，恰恰是要改革和颠覆这种做法。高等教育中的基础课程问题不大，然而对于变化更大的专业课程和职业，"大纲"有可能是僵化的代名词，"活动"可能是瞎折腾，"评价"很可能是攀比、保守。

一个真正具有信息素养的教师，会明白教科书式的教育教条十分可笑。一大摊子学生、科研、变动的知识，每个角落每时每刻都在涌现新问题，除了敏锐而又细致地体察实际情况，实事求是地解开每一个症结，简直没有高谈阔论、把玩概念的余地。这时教育变得很空灵，除了隐隐然几条教育大原则，再也记不得更多的条令。我认为对于信息化在教育中的作用，这是一种极好的教育状态，既有很大的幅度，又有很大的弹性。

PART/3

慧心

智能时代的教育智慧

信息化如何让创新教育顶天、立地、在人间？

张铁光教授是剑桥大学的博士，也是国内这些年很热的"剑桥教育"的开拓者，从一所211大学力学系主任辞职到开创出国内轰轰烈烈的留英教育，张教授却一点也高兴不起来。张教授不敢确定自己那些年将中国首批剑桥大学和牛津大学的学生一对一送出去是不是一件对的事。在70岁的时候，张教授重新回到指导学生的一线，他经常问的不是学生想上什么大学，而是他们的天分和才能最应该配备什么学习资源。从张教授作为剑桥大学博士的"顶天"到亲自访谈一个个学生及其家长的"立地"，再到自己作为名誉校长的整个学校在应试教育和素质教育之间平衡的"在人间"，张教授可谓"呕心沥血"。我在想，是否有一种可能，有一种技术能够减少张教授的重复劳动呢？

一段时间，创新教育如火如荼，我比张教授小20多岁，试图穿越到20年后再想我们今天做的事情，同样也有以下关于创新教育的五问：

1. 小时候玩积木长大能当成建筑师吗？
2. "花哨创客"是否荒废了"主课的田"？
3. "大赛教育"让"学渣"怎么办？
4. 为何写儿歌的都是作曲大师？对于基础教育，学科前沿如何让学生顶天？

5. 信息化如何让创新落地于应试选拔？

问题虽然被提出来了，解决却并不容易。信息化怎么建，需要回到教育本身寻找答案。正如张教授这几年沉下心来关心每个学生、关心德智体美、关心学生综合素质、关心每个学生的爱好和特长一样，顶天、立地、在人间。他用未来社会需要什么样的人作为价值导向：

- 勇于面对竞争和不怕困难，需要自信和自我激励的能力。
- 在证据基础上作出正确决定需要解决问题的能力。
- 提出新想法并实现它的创造能力。
- 能够拥抱变化的不确定性决策的能力。
- 独立思考的思维方式的形成。
- 通过社会实践了解真实社会及其变化的能力。
- 广泛的基础能够在某些领域成为专家的能力。

要复制张教授并不容易，但是张教授所做的事、所说的话可总结为一句，那就是：未来社会需要的是一种动态能力，而学生在校的点点滴滴的成长轨迹及其指导，本身就是比考上什么大学更重要的教育变量。在线教育的最大误区就是试图以网络的单一教育形式来简单化地替代全息的校园生活——师生、校园、实验、成长，但是如果我们能够设计出一个基于全息的超真数据系统，张教授的指导可能更加有效。这个体系如何设计呢？

在技术上并不难，我通过10年的努力，逐步靠近这样的系统，缺的是张教授这样的教育思路和实践。如果这些数据能够全部拿到，那么创新教育就是个性教育，就是过程教育，就是基于实验3.0的物联网教育平台而不仅仅是互联网+。创新教育需要重点考虑的是知识、技能、体验的深度理解和实践，学科中的知识本质是面向未来10年的顶天，实验的核心是面对未来20年的立地，创新的秘诀是面向未来30年的在人间。

在一门创新课程中，70名大学生能出16项专利、8项软件著作权，我尝试用学生尽可能全量的信息支持个人的创新，发现潜力超出学生和我的想象。而在对个人行为进行分析时，原本似乎相对同质的学生，在全息变量下变得那么不同。

学生的"顶天"在于教师做的是创造性而不是重复性的教育；教育的"立地"在于不试图寻找教育的秘诀和理论，而仅仅将信息化用作支撑减少教师的重复性劳动；学校的"在人间"在于敢于直面现实——学考评、升学、就业、应试，不寻求理想化的环境而抱定理想化的信念才是社会中真正创新的人的常态。

每个人心目中都有一个
不以托马斯意志为转移的托马斯

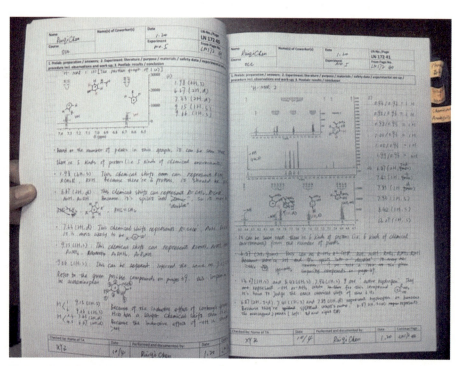

天津大学药学院学生的实验报告

公元 476 年 3 月 15 日,日耳曼人领袖鄂多亚克攻入罗马皇宫,看到西罗马帝国的最后一任皇帝罗慕路斯大帝正在养鸡。养了 20 年鸡的大帝见到鄂多亚克时并不惊慌，请求其将自己杀死。西罗马帝国的皇帝希望通过一场自己导演的失败来实现毫无自省能力的罗马王国的拯救。但杀入皇宫的鄂多亚克希望其归顺，因为这位勇武的将军希望以一场胜利的归顺得到一个不被侄子轮回般造反的善终。

事实上，历史上的罗慕路斯大帝仅仅在位一年，败军后不知所终。然而，在戏剧学家迪伦马特眼中，这个故事比历史更符合人性。迪伦马特认为，整体世界是不可把握的，但个人世界是可以驾驭的，所以每个人都应"做他所应做的事情"。更为重要的是，这部写作于1948年的戏剧完全按照古典主义戏剧三一律的原则（故事发生在一昼夜之间，始终在一个地点，情节始终是一个主人公主线条），从这个意义来说，它更符合人们心目中需要的和意义构建上的"真相"，因而更容易传播。

每个人心目中都有一个罗慕路斯，只不过这个更贴近"人性真相"的故事逐渐远离历史真相。

三年前，德国人托马斯来到天津大学药学院任教，他用了一年多的时间收集整理了德国、瑞士等几个欧美国家的相关资料，做了学院一直想做却没人做的事情：用英文把基础化学和有机化学的实验指导书全部重写一遍，并且图文并茂。托马斯还专门为中国学生设计出适合手写的带有暗格的实验报告书，一本200页。下一步，这个德国人就要求所有学生的实验报告必须用英文手写，而且是原始记录，即使写错了也不许覆盖、损毁、撕掉！遇到错误，必须用标准的更正格式进行标注。

此外，他还要根据实验报告整理成类似发表论文的report，写得不合格就一对一地讲，讲完回去重新写。老师们不理解，学生们也不理解，问为什么，托马斯说"because I'm German"。半年过去了，一年过去了，两年过去了，实验报告改了一稿又一稿，还是有学生达不到托马斯的要求。因此，学生的分数一直没有提交，甚至托马斯合同期满回国后还在为这些没合格的学生操心，批改 report。

客观地说，我对托马斯的做法是有不同意见的。在计算机时代是否还需要如此的细节训练，以及这种训练是创新还是死板也未尝可知。一年前托马斯回国了，当时并没有引起太大的反响，然而他走了半年后，托马斯的故事反而成了药学院的一个亮点，参观的人与回忆的人见到托马斯的课程自行补脑。于是德国人有了托马斯而变成严谨的验证，受过托马斯折磨的学生有了深刻的反思，英文教学由于有了暗格的英文实验报告和中国学生书写工整的笔记而令人心潮彭拜。这件事到底能不能做、应不应做、什么时候做还在讨论和争论，然而托马斯现象已经超越托马斯本人的做法正误，变成一种教育心理现象，能感动人的是人们缺乏的和有价值的东西，每个人心目中有一个托马斯，一个不以事实托马斯而转移的托马斯。

每个人心中都有一个教育故事，每个人对故事都有感受，看到了、遇到了，就成了记忆，比真实发生还有意义的是故事。

托马斯来了，留下很多事实；托马斯走了，留下很多故事。托马斯被大数据记录了，影响了很多想象；托马斯的数据模糊了，留下了教育的真实。

只要有那么一颗心不动，教育的平衡就会存在

不动点与教育

听，听，听，劳我以生天理定，若还懒惰必饥寒，

莫到饥寒方怨命，虚空自有神明听！

听，听，听，衣食生身天付定，酒肉贪多折人寿，

经营太甚违天明！听，听，听！

听，听，听，好将孝悌酬身命，更将勤俭答天心，

莫把妄思真性！听，听，听，早猛省！

陆九思写出的《家问》及陆家的家训，并不是陆家兴旺的开始，而是不动点的结束。

公元1773年，50岁的亚当·斯密终于写完《国富论》的初稿，可能连他自己都没意识到，他写下的这段话能够影响至今，并成为广泛传颂的"不动点"："每个个体由于追求他自己的利益，有一只看不见的手引导他去促进一种目标，而这种目标绝不是他所追求的东西。……他经常促进了社会利益，其效果要比他真正想促进社会利益时所得到的效果为大。"

整整200年后，经济学家阿罗因将一般均衡观点引入经济学而获得诺贝尔经济学奖；1983年法裔经济学家德布尔用数学证明了在自由竞争的经济中

存在这种均衡，也获得了诺贝尔经济学奖。德布尔指出："从理论上说来，自由竞争经济能够使所有市场实现供需均衡，任何产品既不会短缺也没有剩余。这种状况称为一般均衡。"自此，亚当·斯密的经济学从哲学到科学经历了 200 多年，而最终让经济学家的理论成为科学的是几代数学家，而这些数学家最初研究的是一件很小的事情：不动点。

将一条绳子折成几十段放回原来的绳子的开端，一定有一点与原先的点重合，这是一维不动点的应用；将一杯咖啡用勺子搅动，咖啡静止的时候，一定有一点与原先的位置重合，这是二维不动点的应用。这些有趣的几何现象，证明起来却需要高度抽象的数学知识。伴随着统计数学、量子力学和艺术上的抽象主义思潮的发展，20 世纪 20 年代以后，法国一批数学家组成松散的布尔巴基学派。布尔巴基学派将整个数学建立在集合论的基础上，将几何和代数、序数等统一起来，艺术上的抽象主义将数学推向了一个新的高度，这才有了不动点理论的发展。德布尔将自己的成功也归功于布尔巴基学派。

不动点理论史中有一个里程碑式的让人心动的故事：波兰著名的数学天才斯泰因豪斯 1916 年与另外一位数学家在广场上争论一个问题，一个在医学院养兔子的小伙子听见争论，穿过花园向教授请教问题，但几句话下来斯泰因豪斯教授却出了一身冷汗。事情竟颠倒过来了，斯泰因豪斯教授向小伙子询问了一个困惑已久的问题，希望一起思考，几天以后小伙子就给出答案。惊奇的斯泰因豪斯立即将 24 岁的小伙子聘为助教，并收录为博士生。几年以后他们两人共同提出了"不动点映射理论"，并成为拓扑学的重要基石。这个学问将不动点、不变度量向前推进了一步，一个简单的应用就是，如果你手中拿着一张中国地图，如果你站在中国，这张地图中一定有一点与你脚下的土地重合"不动"。

1994年纳什获得的诺贝尔奖,只因他用不动点理论解出的一道数学题,数学家认为他在数学上的贡献要大于经济学,因此他还在2015年获得了数学界的最高奖:阿贝尔奖。

不动点的另一个里程碑故事更让人心动。从 1904 年开始,一个荷兰的名叫布劳威尔的年轻人不断地挑战著名数学家希尔伯特,布劳威尔提出的直觉数学试图直接推翻希尔伯特的很多理论。在荷兰阿姆斯特丹大学,布劳威尔是神一样的存在,他讲授自己的数学理论,学生自己选择听或者不听,学校不发稳定的工资,只是根据学生选课的多少决定他的工资,这叫"无薪教师",布劳威尔硬是一边反对希尔伯特,一边靠学生听课的"提成"讲了 5 年课。直到 1912 年,希尔伯特不堪其扰,凭着自己的声誉大度热情地推荐布劳威尔成为这所学校的正式教授。但是,成为教授后的布劳威尔继续与希尔伯特为敌,还将希尔伯特所主持的杂志作为反对希尔伯特的阵地,最终希尔伯特让学校开除了布劳威尔。可事情并没有结束,一场旷日持久的数学争论将希尔伯特、布劳威尔、罗素、爱因斯坦深卷其中。最终,布劳威尔否定了排中律的有效性,笑到了最后。布劳威尔关于不动点的研究成果就是直接证明了在 N 维映射中，不动点依然成立。布劳威尔在直觉、概念、哲学和代数之间建立起联系，成为拓扑学的奠基人。

布劳威尔对多维不动点的证明，其实也成就了德布尔一般均衡的数学证明。如果我们将布劳威尔的 N 维当作经济学的 N 个向量的维度，就容易理解德布尔所证明的经济学中一般均衡价格的存在。在德布尔之后，经济学家们几乎成为科学家中最需要数学学科的研究者，而传统的经济学逐渐延伸到政治和社会科学领域，也促使数学治理成为社会管理科学化的基石。

好了，现在我再杀一个回马枪。将几何、数学及艺术融合，甚至和物理学、画派融合起来。受抽象主义深刻影响的法国布尔巴基数学学派，影响了德布尔，解决了经济学问题，更进一步，布尔巴基数学学派还影响了另外一个艺术学派——结构主义。结构主义起源于语言学，认为人的理性有一种先天的构造能力，它在无意识中支配着人的行为，一切由人类行为构成的社会现象，表面上来看似乎杂乱无章，其实内蕴着一定的"结构"，这种结构支配并决定着一切社会现象的性质和变化。结构主义强调整体性，反对独立的局部性研究，强调认识事物内部的结构，反对单纯地研究外部现象，甚至强调共时性，以致在微观物理学和深层心理学之间有一个共同的背景。

赫曼·赫兹伯格设计的阿波罗学校,整体建筑由混凝土砌块建造而成,立面的比例及窗户的形式都被精心设计,以照顾教室内的儿童视线。建筑师在剖面中使用错层设计的手法,将通高的中庭作为组织空间,在建筑内部为人们提供相互交往的机会。中庭光线明亮,为教师和学生都提供了良好的视觉联系。不动点是什么呢?

  结构主义提出的艺术和哲学上的解决之道,有其深厚的数学基础。而刚才所提到的直觉数学,是否与结构主义非常相似?又与不动点理论有点类似?事实上,作为结构主义学派的心理学家荣格所提到的微观物理学和心理学的共同背景,是不是也与陆九渊心学有异曲同工之处?而另一个结构主义大师列维·斯特劳斯提出的社会学基本结构或基本单位有四种类型:兄妹关系、夫妻关系、父子关系、舅甥关系，其他所有亲属系统都建立在此基础之上。

南宋中期，原在江苏的陆家迁居江西已有五六代人了。200年来，陆家总是标榜宰相之家，治家严整，安贫乐义，远近闻名，坚持不分家，族长由年长者担任，孩子们成人之后轮流管理，且家族中有很多规则，使得陆家饱受嘲笑。到了陆九渊父亲陆贺这一代，陆家有6个儿子，只有10亩地，但是陆贺还是一副乡绅大户的气度与自信。而从汉朝开始，陆家就陆续出了很多名人，如东汉光武帝前后的陆闳、陆稠、陆逢，官职都在太守以上，东吴时陆康、陆逊、陆绩、陆机等皆为国家栋梁。陆家之所以能取得如此成就，按照朱熹的说法，是家学，是孝悌关系。朱熹甚至找到了陆家不败的"不动点"——《家问》，陆九思将家里的关系编成书，供后代学习，其实质就是结构主义学派的人类学家斯特劳斯所说的兄妹关系、夫妻关系、父子关系、舅甥关系。后来陆家的教育方法被普及到全国。

然而，正如亚当·斯密所提出的"看不见的手"一样，当"手"被看见了，就不是充分竞争的环境了，就不一定有均衡的市场关系了。也正如被朱熹拔高、朝廷重用的陆氏家学，不但没能成为国家培养人才的不动点，反而从此衰落，近1000年再无复兴。

按照二维不动点的理论，不动点的存在与市场经济一样，是有条件的，简单地说，就是凸函数（如果咖啡杯柱面形状是凹的，就没有不动点；实心的咖啡杯，也不一定有不动点）、连续的（如果上下搅动咖啡，就不一定有不动点）、连通的（如果两个咖啡杯互相倒，就不存在不动点）、边界性（封闭的空间）。上述的陆家家学，无论是陆九思总结家学的计划经济模式，还是皇帝和朱熹搅动干预陆家行为，都让陆家失去边界性、连续性、连通性和凸性。在原先的平衡下，不动点是存在的，但经过计划经济的干预，不动点反而不一定存在了。

中国古代讲究家、国、天下，按照斯泰因豪斯的不动点度量与影射理论，家是国的映射与地图，国是天下的映射与地图，只要你在国、在天下，总有一点与地图重合，总能通过家度量国、通过国度量天下。因此，"治大国如烹小鲜"概念之所以能够成立和映射，是因为几何上有凸性、连续性、连通性。但是，如果就说哪一点不动，不动的那一点又有什么深刻的含义？那么，事实上并不一定存在，也会割裂整体性，上述的多个数学家都是强调整体性的。整体性的缺失、介入和干涉，会造成不动点的消失、均衡的消失，反而损害有机的整体。计划经济是一个遗憾，教育学上的陆家也是一个遗憾。

2017年4月10日，素有高考状元校的衡水中学进驻浙江，遭到一致声讨。有人写文章痛斥"野蛮人"，之后事情有了进展，2017年6月，河北省教育厅责令衡水中学整改。这些年，我也不断写文质疑衡水、质疑杜郎口、质疑十一学校，现在看来前两个已经有了结论。此事如何看？个人的角度不同。但是从不动点的角度来看，教育复杂多维，我们很多人太自以为是了，正像计划经济时代我们可以征服规定价格、南宋末年朝廷可以树立义门一样，在正常的本地招生的"凸的、有边界的、连续的、连通的"衡水中学中，也许多年后能够出现几名科学家，一年能够出现多个清华、北大的学生，而哪位学生能够成为佼佼者，我们不知道，正如我们不知道哪个点是不动点一样，但是我们肯定应试教育是能够成就一定概率的人才的，而问题在于衡水中学一下子出名了，全国的考生都要到衡水去补习课程，甚至衡水的分校要开到全国，那么衡水中学本身的不动点很可能消失，外地失去了环境和条件，也可能失败。

为什么衡水中学很出名，毛坦厂中学很出名，黄冈中学过去也很出名，但当地经济都不好呢？教育失去结构，人为破坏了教育生态就像人为破坏几何结构一样：价格平衡被破坏，计划经济会饿死很多人的；教育平衡被破坏，一千年也许也无法形成新的平衡。

幸运的是，教育界还是一个连续的整体，一个连通的整体，一个凸函数，一个有边界有底线的群体，在衡水中学模式成为主流时，在格式化未来基础教育时，还有人呼吁，我们虽然不知道这些个体到底是谁起到了"不动点"的作用，但是，我们知道只要有那么一颗心不动，均衡就会存在。

人工智能趋势视角下的未来教育

当我们讨论每一轮技术革命对行业的作用时,一般会从冲击、影响和应对入手。工业革命的来临伴随着的是模式化学校的诞生,专业教师和围绕工业的学科分科体系的诞生,考试制度和评价制度的诞生,学校义务教育、高中教育、职业教育以及大学教育体系的诞生。教育不是技术革命的世外桃源。即使在相对稳定的技术社会环境下,对技术的掌握程度也冲击着传统的教育,例如衡水模式和毛坦厂模式,是连锁化和定量规模化指标体系的建立,极大地冲击着传统学校教育的秩序。而学而思等一对一的个性化辅导,又通过规模化和品牌化的资本运作将毫无抵抗的应试教育题库系统秋风卷落叶般降维打击。人工智能的发展成熟,远不止上述的简单技术应用,对传统校园、教师、管理的冲击和影响将是深远的。

一 人工智能的教育本体:教育的变与不变

从本质上讲,人工智能技术是信息革命的集大成者。自从托夫勒 1970 年写出《未来的冲击》,信息技术革命越来越快,概念越来越多,没有停止的迹象。但从近5年来看：大数据、数据科学、生命信息、工业4.0、物联网、新硬件时代、机器人、互联网+、人工智能，表面上概念你方唱罢我登场，但内在逻辑一直没有变——从单项技术走向全面融合，从局部应用走向全面工具化，而人工智能至少在目前看来是集大成者。硬件上物联网的成熟、软件上高可用性和动态数据库的成熟、生物学上神经科技的进展、数学上网络算法的应用、材料科技上纳米和感知材料的进展、信息科技上芯片和云技术的快速进步，从物理世界到混合世界再到比特世界，人工智能技术刚刚开始，但人们基于过去工业革命的经验，明确感到这是临界点的来临。

STEM成为后人工智能教育的不动点。应对科技的变化，教育的变革一直在进行且与科技发展互为因果。从彼得·蒂尔对教育的质疑，到创客热潮在美国教育中的兴起，事实上，STEM教育是美国对过去概念化的"实用主义"教育和"通识教育"百年争论的落锤之音。起源于杜威和哈钦斯的那场争论，恰恰是工业革命已经明确成型后的两种教育理念的争论。之所以今天的美国已经很少争论到底是实用主义还是通识教育，是因为美国科技已经进入一个新的阶段。教育是一个组织行为，一个围绕未来10年不变的知识、20年不变的技能、30年留存的体验的稳定的复杂社会经济形态，因此不那么容易被颠覆。恰恰是科学、技术、工程、数学（STEM）构成了工业时代（数理化）和后工业时代（文科、理工科）中的不动点。在物理学和几何学中，不动点对于系统的稳定性和概念的一致性非常重要，而目前的STEM教育，不仅仅是一个概念，而且是旧技术时代向新技术时代过渡的"不动点"。在这个不动点体系中，新的侧重开始后，原有的教师和学科体系的支撑可以平稳切换，不至于导致教学秩序发生混乱。

元学科、应用学科和副科发生结构性变化。人工智能的出现，使得复杂计算和系统计算以及简单的人机交互计算工具化全面超越人，对技术基础这个原有概念的教育分歧越来越大。人工智能视野下，学科概念如果表述成元学科、应用学科与素质学科，那么教育学科概念的持续性还能以最大公约数继续运行：以数学、物理、化学等元学科为代表的学科，在今后的教育中更加重要，且作为筛选人的条件，而应用科学（生物、地理、信息、劳动）学科，将重视项目式学习、体验学习，成为培养人的目标；社会科学（历史、哲学、思想品德）将来的重点在于综合应用、批判性思维学习，更加重视学科的来源和发展；综合素质类（音乐、体育、美术）将从副科走向前台。这样，围绕 STEM 的教育，人工智能下的教育体系还是一贯的科学（元学科）、技术（应用学科）、工程（素质学科、社会学科、管理学科）、数学（逻辑、数学学科）。

二　人工智能技术对学科的影响：越理性，越感性

数学：传统的工业时代的数学，其训练方法是数值计算，指向是力学计算，这种侧重至今还非常浓厚。随着知识库的普及和共享以及计算工具的进化，越来越少的人将来会从事传统的工程计算行业，而正宗的工科专业越来越向专业化和高端化演化（如学材料的进入门槛很可能是博士）。但是，人工智能会用到大量的数学以及人与人打交道用到的计算机数学，统计学基础的数学，在这方面，中国数学还停留在工业时代。美国从高中就让学生开始学习问卷处理和微积分，大学数学更加有用的是方程组、统计学等。数学是一个典型的年龄相关性学科，一定要从小学，而且转向数值和算法类的学习，从偏向材料计算的高等数学方向，转向偏向矩阵计算的统计数学，逻辑学、几何学和统计学成为数学学习的三个支柱。

物理：有一位著名的物理学家回顾物理的百年发展时，发现一个有趣的现象："力"这个概念，在物理学上看，已经不是一个原始的变量，能量和质量才是，为什么我们的教师还在使用这个概念呢？那是因为在机械时代，"力"是最容易理解的组合概念。在工业革命前后的几百年直到今天，物理学教育的

重点是偏向传统力学计算方向，在中小学就是牛顿力学。然而，随着工业时代的结束，人们更容易见到的力学概念不再是机械和天体，而是转向社交网络、计算机图像、信息变量、生物体和电子学以及更容易接受的能量、时间维度。数学教师们转向统计学的同时，物理教师应该考虑从牛顿力学转向量子力学和热力学甚至时空维度，这些对于学生未来的人生更是基础，而通过物理学进行基础的科学证实的训练以及科学观测和数据处理，才是物理学最基础的作用和价值体现。不然，人在什么年龄都可以学物理而不必非要从未成年时期去学。

元科学化学：中美物理学和化学都是选择性的，但比较中美化学教育，可以发现有很大的不同。美国高中化学允许且必须使用带有功能性计算的计算器，而中国大学生都没有这方面的训练。也就是说，随着化学和生物要求越来越高、知识点越来越多，设法绕过烦人的记忆而走向逻辑，是美国化学学习的方向，这点也值得我们注意。另外，化学的侧重由从偏向无机化学方向的基础化学，转向偏向生物和有机化学方向甚至与物理相结合的量子规律，是化学学科的重点。例如，很多美国大学的录取要看高中生在化学创新方面的实践，能创新的往往是生物化学。

外语：工具性的外语逐渐失去市场，形式节奏上的美学、逻辑学角度的词源学、社会学角度的语言学、心理学角度的语义学成为外语复兴的落脚点。另外，似乎从来没有人将计算机程序当作外语来教，事实上，随着工具性外语被人工智能取代，计算机程序语言很可能成为一种外语，而很多软件人才是学外语出身的，也在不断印证这个结论。

语文：可以预料的是，随着工具性的人工智能的出现，原先学习语文的工具性的方法（如语法），逐渐退出语言学习（包括外语），而作为母语的语文之所以在工具化人工智能时代还得到重视，最重要的也许是仪式感的表达：回到经典，回到表达，回到应用，回到美学。

除了以上学科教育的重点随着技术经济必然发生变化外，学科学习的醒悟和内在逻辑将更加重要，学科历史、学科逻辑、学科故事将替代题库训练，因为作为计算的精确性除了用于特殊人才的培养外，将让位于工具和人工智能，而人要考虑体验和持续学习的兴趣与逻辑。学科学习之间还将朝着融合的方向发展，应用学科和元学科的分离意味着应用学科更加朝着整合的方向发展：地理、生物、科技等融合课程，朝向综合应用发展。

三 人工智能技术对教育技术的改变：从工具到空间

随着人工智能的发展，也许目前花里胡哨的信息化将隐身后台。课堂上也许看不见信息化了，师生在课堂层面的体验将会越来越好，越来越贴近自然条件：看不见计算机的信息化，距离教育更近而不是技术更近。

学校之所以存在是因为它为学生模拟了一个高度抽象的比真实世界还真实的教育世界。因此，未来的校园从改变世界的信息模板角度，将更加强调与客观世界的互动、映射和高度抽象。

美国的大学录取是更接近人工智能手段的个性化录取，而学生选拔是更接近大数据角度的 GPA。从培养角度看，学生画像比 GPA 更加个性化地从个体角度描述学生的个性特征，学生的学习行为、实践行为、创新行为在全地域、全信息、全自动、全过程的记录下，将更加全面地反映学生的全貌。智能实验室和智能校园，将基于个体的专业学习和评价而建设。

与学生相对应的教育行为画像，将侧重联系社会、联系科技、联系家庭、联系团队，从重复性劳动变为创造性劳动；学校的管理行为将演变成支撑技术：支撑数据，支撑品牌，支撑环境，今后的教育将出现越来越专业和自由的教师，越来越职业的校长。

在教育政策上，由于全国性的数据和人工智能的使用，教育测评将更加专业化、教育本体化（而不是被测评机构和排名左右），教育选拔将更加科学化和长期化，短视模式随着计算方法和智能评估的进展而迅速被迭代，"超级中学"模式将逐渐退出历史舞台，未来应该筛选出更应该上清华大学的人和更应该培养好每一个想学习的人。即使仅从功利教育的目标来看，教师个体经验也逐渐让位于人工智能和大数据，教育重心从教育哲学属性逐渐走入教育科学属性；而被恐惧绑架的教育所强调的教育筛选功能，重心逐渐转向教育培养功能，个体成功的培养目标逐渐转变为未来视角的社会价值角度；教育回归人与人的本质关系和专业培育孵化的社会职能，功利性和工具性减弱，过程幸福成为教育者追求的目标。教育者由工匠逐渐转型为艺人，教师由于工具化的替代将会越来越有尊严和个性，而不是越来越像工具。

四 "人创造"的价值逐渐凸显，教育的价值在于"创造人"

柯洁在被人工智能计算机打败之后，接连战胜外国围棋高手，刷了一下存在感并表示："与机器下棋没意思。"同样，在工具制造时代，如果从质量和精度考虑，机器无疑越来越超过人，然而手工的红木、艺术品、食品，甚至衣服和汽车，比起无论从什么角度来看的机器制造的东西，都越来越贵，越来越被人乐于采购。"人创造"的价值凸显，是体验经济产业升级的一个标志，人工智能时代也不能例外。因为"有意思和不可复制"，才是人消费的高级时代。

不同于机器代替人重复劳动的趋势，教育与学校会替代机械班级，成为人与人交往的场所，在这个场所中，机器越来越像人并代替人的高级状态，而人越来越摆脱工具性、重复性，更具艺术性和创造性。研究教育历史会发现一个普遍的现象，就是随着工具性的增强，反而出现了班级规模的缩小和师生比的扩大，这也印证了：人毕竟要与人打交道，教育是一个个性化的活动。机器代替人，意味着人有更多的时间回到家庭陪伴孩子，这在美国已经持续发生了50年，几乎多数的女性甚至男性在孩子成长过程回到家庭（如果他们算教师的话，教师比例更大）。在学校里，未来的师生比会持续扩大，教育更加不再计较投入产出，而是演变成一种创造性职业。

杜威在研究工业化革命后的教育时，提出教育目标要更加集中地体现在教育本身，教育即生长（教育目标就是让教育继续下去）。随着工具化的人工智能代替越来越多的教师的重复性劳动，教师的幸福指数越来越高，更多的和更合适的师生比使得学生得到更加专业的呵护和培养，幸福指数也得到提升。教育让生活更美好将逐渐实现，教育即生活的前提条件是教师不再是指标的工具，学生不再是考核的工具。

人工智能的发展趋势必然是少量精英通过复制经验和算法而改变世界，多数人进行创造性劳动而改变自己、改变体验，人工智能的工具化肩负着为人类谋取福利的重任，而学校肩负的创造未来人的使命将越来越重要。人工智能刚刚起步，其算法需要人，其目的是为了人，人极其复杂，近期机器不可能替代人。即使将来奇点到来，机器全面超越人类，机器和机器成为人与人之间的代理人之间的竞争，本质上还是人性之间的比拼。未来，学校、教师不会不重要，只会越来越重要。只不过，学校的价值是什么，教师的价值是什么，由于很多过去的功能被替代，我们将不断思考，越来越清楚教育的本体，越来越集中于教育本身，其他的就交给技术吧。

人工智能产业背景下的
专业应对

一 人工智能是信息浪潮最新的形式

自从托夫勒提出第三次浪潮以来，信息革命以超出想象的速度和影响冲击社会各个方面。工业革命成其为工业革命的前提条件是这项革命所带来的产值和从事的人口超过总数的一半。一开始，信息技术只是辅助作用——无纸化、信息化、互联网化，信息技术只是极大地提高产业的产出速度。这几年越来越凶猛的热点，以及热点退潮甚至不再退潮的效应，使得信息革命成为真正的第三次工业革命。而到目前为止，继互联网+、新硬件时代、工业4.0、物联网、大数据、数据科学等概念之后，人工智能成为集大成者。之所以这样说，不是因为人工智能代替了前面的热点，而是包含了前面的所有热点，以一种全社会能够理解和欢欣鼓舞的概念模式，涵盖以往的形式，成为新的热点。

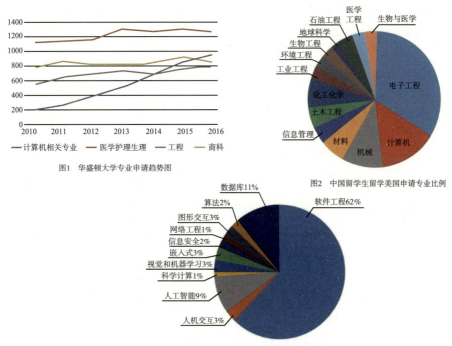

图1 华盛顿大学专业申请趋势图

图2 中国留学生留学美国申请专业比例

图3 计算机专业申请比例

首先看三张图。图1是著名的西雅图华盛顿大学（USNEWS全球排名第11左右）的专业申请，每年6月，华盛顿大学在校生选择继续留下来的6000名学生会向他们的招生官申请专业，他们中有大学一年级到三年级的学生，近7年最明显的一个趋势就是计算机和相关专业比例迅速上升，这也表明这所美国西北部名校的市场需求程度。2017年，申请计算机相关专业的人数超过1000人，但录取的可能只有一半。商科、计算机、工程和医学是华盛顿大学的四大品牌，然而这些年，工程和计算机的受欢迎程度明显超过其他专业。而如果把计算机和工程合并叫作人工智能相关专业的话，那么无论从总量还是发展趋势上看，人工智能在这所大学均秒杀其他热门专业。

华盛顿大学是美国西北部华盛顿地区唯一一所顶级名校，西雅图这个城市并不是美国的IT中心，虽然微软总部在那里。对西雅图进行产业分析就会发现，华盛顿大学每年400多名计算机专业的毕业生以及1000名左右的计算机相关专业毕业生远远不能满足当地的需求，原因并不在于IT，而在于"IT化"，也就是我们所说的互联网+，华盛顿附近的波音公司等传统公司，不再主招专业人才，而是招聘懂专业的计算机人才。

春江水暖鸭先知。每年去美国留学所需的40万左右的费用对于中国家庭来说并不是小数目，而10万来到美国的留学大军到底学了什么，应该并不是感性的选择。图2是全国前三的留学机构公布的每年中国学生留学美国300所大学的理工科专业申请选项，非常明显，人工智能相关学科支撑的电子、计算机、机械、材料学科，占据了理工科比例的70%以上。与此同时，2017年中国国内薪资和最受欢迎的专业比例中，这四项占据90%以上。

计算机类专业独占鳌头。在2017年中国国内高校专业薪资排行榜中，明显也能看出这个趋势。由于美国大学没有标准的专业目录，分类有点混乱，然而我们如果走进计算机专业内部（图3）也可以非常明显地看出来，与人工智能直接相关的软件、人机交互、人工智能、视觉和机器学习、科学计算、图形交互、数据库、算法占据了超过90%的比例，上面这句话也许是废话，因为整个计算机专业都和人工智能相关，但对比中国的计算机专业目录和美国的这份目录，人机交互、算法、视觉和机器学习、人工智能、图形交互，这些加起来超过20%的专业在中国本科目录里是没有的，而中国留学生趋之若鹜的计算机相关专业，其增长热点只有一个，那就是——人工智能。

从数据来看，人工智能已经不是一个未来趋势，而是发生了的事实，这个事实悄悄地整合、吞并着我们过去的专业，如果过去你还坚持学工程、机械、电子而不是计算机的话，今天它们有一个共同的名字——人工智能。

二 人工智能是一个专业集合和融合模型，不是一个专业

我们来探讨第二个问题，也就是什么是人工智能专业。事实上，中国本科专业中没有这个专业，即使在美国人工智能排名第一的名校卡内基梅隆大学也不存在人工智能专业。卡内基梅隆大学的每个专业——计算机科学、计算机工程、数字金融、信息管理、数字媒体等都声称自己叫人工智能，而如果从人工智能的内涵来看，这所学校的所有专业合并起来才叫人工智能。2012 年，我在卡内基梅隆大学访学时，发现了当年美国人工智能的创始人西蒙在 1957 年为学校设计的专业设置构架就是人工智能，这所学校从那个时候开始，就基本上没有变更过专业架构。

人工智能是一个专业集合，而不是一个专业。卡内基梅隆大学在美国人工智能排名中长期保持第一，并不是有一个专业叫人工智能很强，而是因为这所学校有美国排名第二的信息管理系、排名前三的计算机科学学院（有很多人拿到图灵奖）、美国排名很强的工程和环境科学（拿到诺贝尔奖的）以及美国排名第三的美术系、美国排名前几的戏剧和艺术专业。事实上，从卡内基梅隆大学的整个专业配置来看，就是一个人工智能的专业合集。

我也将中国教育部 2015 年硕士专业目录按照这个逻辑梳理了一下，根据关注人性、关注效率、关注原理、关注应用，形成基于人、基于工、基于智、基于能的学科矩阵。矩阵中的专业和专业类涵盖目前超过一半的硕士专业，也就是今后一半以上的专业将被人工智能整合，这中间还不包含应用人工智能的专业。为了方便理解，我将人工智能在专业学科上的涵盖分成以下四个类别。

基于人的人工智能：人工智能不只是理工科的内容，一方面，人类学、语言学、社会学、教育学随着信息技术的应用，变成一门研究人的学问和高度技术依赖型学科；另一方面，美术、音乐、美学、戏剧、设计等，成为人工智能中重要的展现手段。

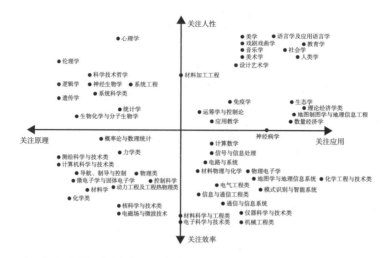

人工智能学科矩阵（根据2015年中国高校硕士点）

基于工的人工智能：工程、技术、控制高度关注效率和应用，是基于人工智能引擎的应用。未来的工程解放人和代替人，需要今后的工程技术人员成为掌握人工智能和应用的融合人才；计算机和行业一个都不能少。

基于智的人工智能：高度关注人和关注原理的结合点，成为心理学、逻辑学、伦理学、遗传学的学习动因。人类的智慧和意识以及概念需要人弄清楚，也需要和机器相融合，这就是智。人工智能不仅不会削弱对哲学、伦理和逻辑的学习，对这些专业的学习将使用更多的科学化工具。

基于能的人工智能：高度关注底层原理和产出效率，是目前人工智能的核心范畴，包含我们常见的物理、化学、电子、生物等元学科以及与数学的综合模型应用。

三 人工智能应对，如何从校园开始

1. 人工智能时代凸显了教育的价值，也让人们重新审视教育。

与一般人想象的人工智能时代教育将无所作为正好相反，教育将更加重要和持续。一方面，人工智能解放了人类的重复性劳动，每天工作 6 小时、每周工作 3 天并不是天方夜谭；另一方面，争取工作权和创造权、与机器的替代性竞争成为教育的价值所在。教师比例会大幅度提高，终身学习将成为常态，越来越融合的学习难度，越来越基础的理论训练，使得训练有素的人才能拥有工作权和创新权，教育将越来越重要。工业时代的教育以人为劳动力，注重学什么，而人工智能时代以人的创造为源泉，学什么将更加重要，教师和教育机构将重点集中在个性化的学生学什么上，而怎么学将由人工智能给出策略和更加精确的建议。

2. 数理学科将重新回到前所未有的高度。

30 年前"学好数理化，走遍天下都不怕"，恐怕会以更高形态的迭代卷土重来。量子物理、材料化学、分子生物学、统计和计算数学，原先是大学的课程，很可能要进入基础教育教材。人工智能时代凸显了教育的价值，也让教育的专业与侧重点重新洗牌，一半以上的学科不是没有价值，而是不应再学：基于工具化的语言、实用化和标准化的工程学科、没有创造力需求的工匠产业将大幅度萎缩。每个人具有独特技能和掌握少数人拥有的技能成为普遍现象。

3. 教育的意义在于人性而不是机器性。

美术、艺术、戏剧、文学、音乐、体育、棋牌、计算机程序语言等与人类成长时间窗口密切相关的学科，将大幅度提前到中小学而不是大学以后。由于多数人多数时间进行学习和教育工作，教育成为人们的一种生活方式而不是一种实用的手段和目标，教育体验将大大加强，教育机构应该布置成未来世界的体验模板和改变世界的信息模板。教育的意义在于人性而不是机器性，学校作为一种公共服务，成为最好的未来体验中心和生活中心的趋势越来越明显。

4. 学生视角下人工智能产业背景下的专业选项。

未来产业视角下，每个人、每个阶段学习和教育的选项都将是个性的和针对性的。对于中小学和基础教育来说，为了适应未来多变和动态的世界，更加融合专业、更加应用性的体验、更加基础和原理性的学科培养成为三个趋势，在此基础上，原先高度抽象和薄薄的教材加上高度机械化的题库和课外辅导资料模式将会改变。研究性学习根植于研究性和体系性的教材改革，教材将更加从信息角度融合所有学科并更加系统性地将学科历史全貌展现给学生。在教学内容方面，编程从娃娃做起和逻辑学、哲学从娃娃学起是必然趋势。

职业学校在人工智能时代受到的冲击将是最大的和空前的，职业训练将尽量绕开机器能干的所有领域，而原先职业学校中和人类学、运动学、艺术学、体感、体验不相关的专业与课程将受到重大冲击而退出历史舞台。

应用型大学得到空前发展，充分运用信息技术支撑的各行各业的行内人，将细化和填充由于人工智能产业而引发的更多更丰富的行业分工和产业分工。虽然技术应用将更加依赖人工智能，但是应用型培养的大学生将会花更多的时间去整理人类历史在一个细小领域的工程经验以及创造性地提出和实现新的想法。

从实用主义角度看，世界上最聪明的 5% 的人将不断从小到大接受更加残酷的筛选和训练，这种筛选和训练是一种挖掘本人潜质和荣誉的机遇。一个数学博士和电子学科专家，极少数成为创新企业的企业主，绝大多数从事创造力的研究人员，从小到大承受更大的压力、更艰苦的训练、更长时间的学习，获得的收入并不与付出成正比，但是正如过去历史上的科学家一样，心中的荣耀和挑战人类与自我的快感不是每个人都有机会的，而未来，整个社会和从事这个行业的人将以此为常态。与此相适应，研究型大学将更加集中在高度形而上、高度逻辑化、高度数学和抽象思维能力的培养上，高精尖的技术和人才将使得受教育和教育别人的人，在人与机器大战中获得最大的收获：敬仰和荣耀。如果一个从事研究的人没有这样的准备，就可以不选择。

代码已经
成为文学

先说一个诗人的故事。1815年，著名诗人拜伦与妻子安娜·密尔班克生下女儿埃达并离婚。今天所有介绍诗人拜伦这段婚姻的文章都说"这是一个诗人一生最大的错误，安娜是一个心胸狭隘、理智、完全不能理解拜伦的漂亮贵族子弟"，也正因为这次离婚，拜伦遭到当时贵族的疯狂诋毁。当时，拜伦需要钱和上流社会，因此与安娜结婚。安娜理性，还是个数学家。离婚后，她独自带着女儿埃达，后将其抚养长大，女儿成为著名的伯爵夫人。埃达的数学也十分了得，她继承了妈妈的漂亮、理性和爸爸的文学素养与狂热。20岁的埃达与父亲一样进入剑桥大学学习，偷偷喜欢上了自己的数学老师巴贝奇，且理性地把喜欢埋在心里。

巴贝奇是什么人呢？剑桥大学最著名的卢卡斯教授席位只有牛顿和少数最著名的教授能够得到，而巴贝奇24岁就得到了。可惜的是，巴贝奇后来没有在数学方面继续发展。当年工业革命如火如荼，大量计算应运而生，法国人发明了数学计算量表，而巴贝奇和同事打开第一页发现有错误，打开第二页又是错误，最终无法忍受，决定自己造一台机器来自动计算。于是，他在英国政府的资助下开始造计算差分机。但大家注意，今天所有的计算机领域的人都不认为这是世界上第一台计算机，可能因为巴贝奇根本没有成功过。

10年以后，1842年，巴贝奇的世界上第一台差分分析仪进入关键时刻，但是资金出现问题。这时埃达出现了，埃达不仅资助巴贝奇，还亲自将他的理论算法（如《论用符号表示机器动作的方法》）编写注释，并且编写成机器能够理解和转换成纸袋的各种程序：三角函数、微积分等。几年下来，巴贝奇的成绩显著，但埃达的私房钱已经花完了。埃达就开始偷偷变卖自己的首饰盒、丈夫的古董，心疼的妈妈就偷偷地再买回来。刚刚卖完首饰的埃达又开始投入程序的编制过程中，程序员是劳累的，不久她积劳成疾，香消玉殒。此后，巴贝奇在差分机的研究上再也没有进展。

虽然世界上第一台计算机受限于硬件技术没有研制成功，但世界上第一个软件工程师诞生了，她就是埃达。1953年，埃达的手稿问世，举世震惊。1981年，人们发现这个程序几乎不能修改：它像拜伦一样简练优美，像拜伦夫人一样理智而充满逻辑。人们为埃达命名一种语言——ADA。

代码来源于文学，是否会回归于文学呢？

回过头来再看巴贝奇。巴贝奇在埃达去世之后继续研究了20年，几乎没有进展。但是，巴贝奇将对机器的研究深入工厂和工业效率中去，既然机械的运行能够代替数学和用代码来表现，那么工业的效率也应该能够用数学来计算和表示，进而提高效率。巴贝奇提出管理科学化以及数学计算的那一年，著名科学管理学派创始人泰罗刚刚出生。没有了埃达的帮助，巴贝奇的理论在管理上也没有成功实现代码化，又与科学管理擦肩而过。

事实再一次证明，文学不好、不会编程序的科学家也不是好的经济学家。

时间到了清乾隆年间，中国的文学发展已经相当成熟，从早期的歌、赋、散文到唐诗、宋词、元曲，再到明清之际的小说，到曹雪芹所在的时代已经成熟。流传百年的《金瓶梅》虽然不知道作者是谁，但写人物从简单的脸谱化到丰富的网络化已经成型。有人说曹雪芹的《红楼梦》完全是一部洁净版的《金瓶梅》，一点也不为过。曹雪芹将《金瓶梅》中的潘金莲拆分成更加细分的一个人的两面：林黛玉和薛宝钗，又将林黛玉拆分成上下两层的林黛玉、晴雯，接着又将晴雯拆成青年的晴雯和老年的赵姨娘，其编写程序的套路完全是今天程序员参考开源软件并逐渐开发代码的过程。更为重要的是，《红楼梦》中曹雪芹引用自己过去文章的做法（如饱受猜测的"秦可卿与天香楼"可能就是另一个小说的改写部分），以及引用诗歌、散文、戏曲、美学、食物、中药的部分，几乎完全和今天的 Python 程序 ETL 模式完全一样。

软件和代码也是，直到 Python 的出现，直到《王者荣耀》的闪亮登场。

2017 年 9 月，高盛发布了对数千名青年人的调查，Python 成为 72% 的年轻人喜欢的最热门的计算机语言，人们惊呼："计算机程序，即将超越汉语成为一门世界上使用最多的语言。"这一预测一点都不过分，全世界 60 亿人，只要有三分之一的人会编程序，那么不管是 Python 还是其他计算机热门语言，它一定会超过汉语，成为世界第一语言，这一天其实并不会很遥远。

1991 年 12 月 25 日圣诞节，百无聊赖的荷兰工程师嫌 ABC 软件不够开放，便开发一种脚本语言，使其将不同程序的结果连接在一起，于是 Python 被开发出来了。Python 作为一种"胶水"语言，特别擅长将不同库的程序连接起来，因此它具有所有程序种类最齐全的库，并且全世界志愿者还在不断地形成新的库。在数据仓库中有一个技术叫 ETL，是英文 Extract-Transform-Load 的缩写，是用来描述将数据从来源端经过抽取（extract）、转换（transform）、加载（load）至目的端的过程。ETL 一词较常用在数据仓库，由于 Python 作为胶水语言的优越性使其成为数据科学家和人工智能专家最常用的工具，他们利用 Python 调用各种各样的程序和运行结果，这比起曹雪芹调用《金瓶梅》和自己的其他文章更加方便。

代码是不是文学，有很大的争议。高德纳是结构化编程的创始人，他后来提出"文学编程"概念：不同于传统的由计算机强加的编写程序的方式和顺序，让程序员用自己思维的内在逻辑和流程所要求的顺序开发程序，自由地表达逻辑，用人类日常使用的语言写出来，就好像一篇文章一样，文章里包括用来隐藏抽象的宏和传统的源代码。文学编程工具用来从文学源文件中获得两种表达方式，一种用于计算机的进一步编译和执行，称作"绕出"（tangled）的代码；一种用于格式化文档，称作从文学源代码中"织出"（woven）。虽然第一代文学编程工具特定于计算机语言，但后来的工具可以不依赖具体语言，并且存在于比编程语言更高的层次中。

如果编程成为一种文学，那么软件程序员应该多读别人的代码才对，就像曹雪芹读《金瓶梅》代码和唐诗宋词一样。但是，事实并非如此。在一项调查中，程序员以不读别人的代码为主流，甚至最好的程序员也不读别人的代码，这和我们印象中的好的作家要读大量经典文学作品形成巨大反差。问题出在哪里呢？

问题首先出在目前的代码距离自然语言还有很大差距，更重要的是，由于越来越快的软件发展速度和开源软件热潮，编写代码这样的基本功处于数理逻辑和展现之间，已经被越来越方便的"胶水"语言代替，并没有太多的技巧，而最具技巧的数理逻辑，已经分离成和编码没有太大关系的数学与算法了。从这个角度上讲，越来越发展的软件业对代码越来越不倚重，反而重视代码的高级形式：数理逻辑、"胶水"语言、展现形式和结构设计、应用设计。就像曹雪芹的《红楼梦》并不需要曹雪芹唐诗写得超过李白、宋词写得超过苏东坡，而更需要的是在《红楼梦》中对人性的观察和社会的深刻认识。从这点上来讲，一个好的文学家并不比文笔，而有更高的比较形式。就像小说之后的文学形式电影、电视一样，虽然基础还是文学和文字，但是对文学家的要求却越来越远离文人，更偏向于综合的文学素养和社会素养。

2017年，《王者荣耀》的游戏收入已经超过480亿，超过了中国电影当年的全部收入。这个标志性的节点，我们虽不能说《王者荣耀》已经成为文学，但是作为主流的表现和媒介，身临其境的玩家已经远离影视是一个不争的事实，而软件业整合影视，更加能够表现现实、超现实已是既定的事情。我不能简单地称它是一款游戏，它应是一种以软件代码为基础的更加新的表现形式，一种新的文学。这与小说取代和整合诗词歌赋一样，代码一定会整合影视。

代码成为文学不是没有迹象。当某一种新的文学形式出现时，最早体现的是它的工具性，就像歌是为了唱，赋是为了吟，词是为了填，小说是为了说故事，戏曲是为了娱乐一样。当科学家褪去外表的时候，工程师接任成为了匠心独具的作品的创造者，当工匠褪去，技术成为外行都能做好的东西的时候，技术外行所带来的社会学意义的表现往往成为了文学。文学即表现，乔布斯是学艺术的，表现的手机不仅仅是打电话；马云是做生意的，表现的网站不仅仅是信息传送；王坚是心理学教授，一句代码也不会写却成为阿里的技术总监。这个时候，难道你还认为阿里影业、腾讯影业拍的是电影吗？这种团队里充满了文学作家的新的表现形式，不是文学，又是什么？

代码成为文学，文字仍是最精练的表达，但作为基础的表达，相比起代码文字来，文字确实是蹩脚的使者。曹雪芹笔下再生花，"一千个人中有一千个林黛玉，有一千个贾宝玉"，但若今天我们写一行代码"女子眉纤，额下现一弯新月；男儿气壮，胸中吐万丈长虹"，一千个读者会根据自己阅历的一千个林黛玉和贾宝玉的 Python 代码被"import"，那么，作家还是这种当法吗？

写到这时，我听到清华大学附属小学的 11 岁孩子在用大数据研究苏东坡，看他们用 20 世纪纸质成年人的研究方法和研究报告展示所谓的创新教育，我一时不知说些什么。如果让我教这些学生，还是研究苏东坡，我会让孩子们用一块树莓派接上网，导入 Python 程序，学会网络上爬虫找苏东坡的资料，让孩子们用不同的爬虫程序（普及知识，并不需要学生编写）去爬苏东坡的各种资料，然后让孩子们用自购的、装在开源硬件上的显示屏显示故事，用 Tableau 数据讲述自己爬到的苏东坡是什么样子的，什么是真的，什么是假的，什么是装的。就像 12 岁的苏东坡和弟弟，孩子们喜欢的都是一样的，研究当然是最好玩的：苏东坡和弟弟玩抓老鼠并且写出了文章，今天的孩子就应该玩抓爬虫，并用自己喜欢的方式，用数据讲故事。

未来的文学，不是仅仅语文教师能教，虽然文字和语文很重要。代码已经成为文学，语文课还能教出文学吗？

反扯淡与
信息素养

十几年前，我刚进高校，一件事情让我决定从此在交通运输规划领域不再发表学术论文——我去听一位学校权威教授的硕士生答辩，该学生以一年前的8月25日和一年后的8月25日两天进行交通规划研究，证明了一个非常复杂严肃的论证。我打开电脑查了一下，发现这两天一个是周五，一个是周三，上海周三和周五的交通流量完全是相反的。于是我便说："如果你表面用非常严肃的证明而事实上不关心真相，不就成了扯淡吗？"事后，我被人严肃地提醒要注意言语分寸。

又过了一年，我带着一位经济学大家去佘山旅游，由于封路避行，恰巧发现我们的学生正在佘山进行交通测试，带头的又是某位交通学知名教授的学生。那一天我记得非常清楚，是5月19日，由于特殊活动佘山封路，学生说这样非常方便他们测量日常的交通流量。然而，封路与正常流量完全不同，做交通课题却找封路的时候去做流量测试，真荒唐。

现在，我可以说我为什么不写"学术论文"了：我是搞信息的，至少在我研究的领域，"扯淡"、胡说八道是很严肃的学术词汇，并不是骂人。它们都是一个英文单词：Bullshit，看起来有些愤怒和粗鲁，但确实是指那些"公然罔顾事实和逻辑的语言、统计数据、图表，以及其他呈现方式"，它们的目的是让受众留下深刻印象，并且让人难以抗拒，而反扯淡和驳斥胡说八道指的是"公开批驳有问题的东西"。驳斥的对象其实很广，可以包括谎言、背叛、诡计和不公。这个词汇是由时任普林斯顿大学哲学系主任、全球最具影响力的哲学家之一法兰克福发掘的。2005 年，他出版了 *On Bullshit* 一书，该书成为亚马逊十大畅销书之一，法兰克福认为：扯淡不完全是撒谎，掩盖真相，而是根本不关心真相，扯淡不仅是反真相的，而且更严重的是它是反价值的，扯淡会消磨掉人类严肃说出的各种价值，进而解构各种具有价值的事情和生活，这才是扯淡的最大危害。法兰克福这本书的中译本书名就是"论扯淡"，这个名字还是比较含糊的，如果直译，就是"胡说八道"。

2015 年，我女儿所在的华盛顿大学的两位教授（一位生物学教授、一位信息学教授）在网络上相继开了一门课，就叫"大数据时代如何辨别胡说八道"，几年后这门课成为大学的正式课程。从这门课的宗旨和目标来看，它实际上就是在大数据时代如何提高学生的"信息素养"。

一个粗俗的词汇成为了学术词汇，甚至成为一门大学的正式课程且广受欢迎，并有越来越多的人认识到它的重要性，那是因为随着大数据和人工智能的发展，"扯淡"、胡说八道已经泛滥成灾且越来越专业，"胡说八道们在专业地造假，统计和信息学家以及科学家们在业余地辟谣"，即使一些有科学素养的人其信息素养也未必高到哪里去。好了，现在有了一门专项课程来提醒不专业的信息时代的螺丝钉：谨防胡说八道。

盘子大小和颜色对学生食欲有影响，是不是扯淡？是的，被证明了。

其实，"大数据时代辨别胡说八道"并不难，但也不简单。举个例子来说，传统的教师的很多信息素养是通过类似"2/8 定律""250 定律""温水煮青蛙实验""鲶鱼效应""霍桑实验"来建立的。华盛顿大学的这门课程基本上也采用类似的"大数据时代的统计故事"，通过 12 周的课程（华盛顿大学采用 3 季 3 学期制），就能建立起学生的信息素养。下面，我简略解释一下 12 周都讲些什么。

第 1 周：作者发现 TED 上的精彩演讲往往采用的是扯淡艺术。扯淡和反扯淡最大的问题在于成本不对称。例如，最近国内几个扯淡的事情："港珠澳大桥左行右行严重的设计错误""医生罢工造成死亡率急剧下降"。扯淡者不一定是数学不好或者逻辑有问题，而是因为偏激情绪降低了他们的思考能力；被扯淡者去传播也未必是智商低下，他们并不关心真相而注重结论。一个众所周知的观点是：人一旦进入群体，智商就会严重降低，这也是为什么传销的洗脑课总是能成功地引人而入的主要原因。更为吊诡的是，人们往往不容易轻信小谎言,却很容易相信大谎言。19世纪英国作家科尔顿说:"有些骗局布设得如此巧妙,只有傻子才不受骗上当。"那些布设巧妙的往往是大谎言。长期接受和依赖谎言的人们,甚至还有在谎言破灭后,自己也加入到维持谎言之中的。

第2周:发现扯淡。真理和自由一样,需要永远保持警惕。那么,如何发现自己在并不专业的领域中的扯淡呢?课程中通过一些简单而有趣的统计学验证来提高学生的信息素养。例如本福德定律,通过对造假数据的第一个有效数字的分布,识别科学研究中的数据质量。

1945年7月16日上午,世界上第一颗原子弹在美国新墨西哥州沙漠地区爆炸。意大利裔美国物理学家恩利克·费米把笔记本里的一页纸撕碎了,一感到震波,他即把举过头顶的抓着小纸片的手松开。碎纸飘扬而下,在费米身后2.5m处落地,心算之后费米宣布,原子弹能量相当于10000tTNT当量。费米可以这么做,学生当然也可以这么做。

第3周:扯淡分布和扯淡生态。扯淡最常出现的场合是媒体、社交网络、政治、道德、宗教场所、新闻发布等领域,即难以辨别真伪,辨别真伪又有麻烦的场合。例如,转基因技术的讨论往往演变为道德讨论、国家阴谋、民族种族等扯淡领域,即使国家也不得不迁就舆情,智者的远离又使得扯淡的力量空前强大。

第4周:因果关系。这一周的课程内容为相关与因果、充分与必要、中位数与平均数、虚假关联关系。总体来讲,就是统计学不严格的因果关系很容易变成人的逻辑的推论扯淡。例如,最有名的胆固醇与心血管病的关系问题。科学发现,正是由于心血管损伤造成大量胆固醇修复血管,而"坏胆固醇"堆积在血管造成的问题。然而,如果减少摄入或者分泌"坏胆固醇",可能连心血管堵塞的机会都没有了。统计学上的因果倒置需要领域专家,统计学家贸然进入专业领域会有很多灾难性的后果。

第5周:统计陷阱和欺骗。近年来,统计陷阱中有很多的惨痛教训,这些案例让人记忆深刻的同时也普及了统计学的进展。例如，儿科大夫用不严密的一连串统计学概率推断一个死了两个孩子的母亲杀婴……通过这些典型的案例，学生们可以不必被高大上的贝叶斯类的统计术语吓破胆，即使统计学家也要明白贝叶斯规则，也要明白质与量不等价。

第6周：数据可视化。利用图形和人眼误区可以产生图像和图形误解，这是所有网民都知道的事实，这门课的可贵之处是教学生用一些典型的工具制作这些"扯淡图形"。利用数据可视化造假，我们要知道眼睛对什么敏感，对什么不敏感，并不是什么时候都是眼见为实的，这些工具包括比例油墨、字符垃圾、误导轴、夸大比例。

第7周：大数据。我在上大学的时候学过菲利普斯曲线，说的是失业率与劳动生产率的关系，这是一个经典的经济学理论，然而近些年却不准了，这是由于政府知道了这个秘密，当一个秘密被知道并作为调整的目标的时候，就再也不准了，这就是古德哈特定律。在大数据领域最扯淡的案例是"啤酒和尿布的故事"。这件事的真伪无从考究，据说是从沃尔玛来的，但无论是在中国的沃尔玛还是美国的沃尔玛，我都没有发现啤酒和尿布放在一起。一位超市专家告诉我，啤酒和尿布不会放在一起，那是因为既不卫生，也不经济（若成立，超市会故意放得远远的），更不合理（超市收银台放在一起的是体积小、利润高的）。很多大数据讲师也愿意讲啤酒和尿布，统计陷阱和欺骗的目的并不是欺骗，而是这个故事精彩，精彩的故事往往会误导听众。

第8周：出版偏见。如果期刊喜欢发表积极而不是负面的结果，那么即使是一个尽职尽责的科学家群体，也会产生误导性的学术记录——就像目前出版环境中的情况一样。绝大多数工程和科技使用的是成熟的技术，而成熟的技术"科技创新可能很少或者不被人注意"。从传播学的角度讲，新的技术和热点容易产生轰动。然而，美国科学家发现，"绝大多数科学论文都是错的"。错的科学发现不一定是科学家有意为之，很可能是某些条件较为苛刻，更重要的在于出版偏见。

第9周：掠夺性出版和科学不端行为。这一周延续上一周的学习内容，如果有人故意造假，或者出版社靠收取版面费为生，后果会更为严重。例如，哈佛大学医学院一位教授在2018年10月被辞退，他是著名的心脏学方面的权威，过去15年伪造15篇论文，被几万名学者追踪研究，学术造假的手段太隐蔽了，这也是在大数据时代才被发现。

第10周：所谓胡说八道的道德规范。这一周主要讲骚扰和质疑的界限以及道德。学术领域的事情，尽量用行业评价，如果行业内形成"均衡"了呢？总体上讲，质疑是就事论事，用科学的方法，不牵涉到道德、宗教、政治、民族。

第11周：假新闻。这一周是上一周内容的延续，包括如何判别假新闻、假新闻及其特征。

第12周：驳斥扯淡。从这门课的目标就能看到这周的主要内容：①对你的信息食谱中出现的胡说八道保持警惕；②无论何时何地遇到胡说八道，能够识别出来；③能够准确说明为什么一则胡说八道是胡说八道；④能够在统计学或科学专业的人面前给出对胡说八道的技术分析；⑤能够在迷信的阿姨和不自觉间表露出种族主义的叔叔面前分析胡说八道，让他们能听懂，并且有说服力。

大数据时代，专业领域越来越细，个人不知道的东西越来越多，与此同时，人工智能、社交网络发展迅速，处于数据洪流中的人不可能不把自己一部分思维"外包给外脑"，这就是10年前所提出的"人机协同时代"。然而，这个时代除了人脑要处理机器不能处理的个人专业领域或者人文领域之外，具备对抗"胡说八道"的一般素养也是异常重要的。这是这门课的重要目的，为这门课点赞。

2018年，在上海人工智能大会上，马云说："我不担心人工智能时代机器会取代人，而担心人类思维不再进步。"是的，反扯淡就是第一步，用文明一点的词汇说，就是"核心信息素养"。

PART3 慧心 智能时代的教育智慧 149

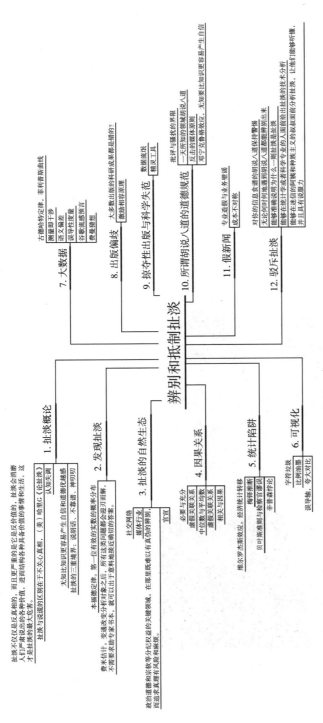

反扯淡知识图谱

实力赛场

开发协作时代的教育角色

本文确实没有贬低《故事会》的意图,只是它并不适合文学启蒙。

全中国和全世界的杂志中,《读者》和《故事会》是两朵奇葩,虽然很少有人对其进行研究，但它们无疑是取得巨大成果且非常值得研究的杂志。《故事会》是1964年创刊于上海的杂志，我从小就跟随自家钢铁公司院子里的钢铁工人看这本杂志。

以国际化著称的上海诞生了市井文学特长的《故事会》，而以西北大汉著称的甘肃却诞生了更加成功的小清新风格的杂志——《读者》，这绝对是一件值得研究的事。《读者》月销量900万册，《故事会》也超过300万册，这两本杂志的销量占据世界期刊的前五。抛开《读者》不谈，今天我们从《故事会》谈起。

故事会的成功无疑有赖于上海这个市井文化的集散地和经营的精明，我想上海是没有多少人看《故事会》的，就算《故事会》再好看，上海的小学教师也会拿着《读者》当学生的启蒙文学书，但《故事会》就是成功了，成功的一个重要原因在于，它瞄准了一批没有什么志向的草根老百姓，在没有什么志向的闲暇时间，他们喝着人性的白开水，幻想着不咸不淡的鸡汤。

我在上海20多年，深知上海人非常擅长这种白开水式的经营。我的一个博士同学就是《故事会》的作者，我们很难将他研究的化学分子式和《故事会》中的草根文化联系起来。但是他告诉我的《故事会》作品的专业套路，却惊得我一身冷汗：①精彩的故事情节，出人意料的故事结局。②结构完整简洁，小学毕业生或者高学历者在放纵成小学水平情绪时都非常容易阅读和传播。③语言平实、口语，但绝不允许评论和抒情（比起百度的小编语录高出几个数量级）。④坚决正能量。⑤栏目非常固定，包括笑话、百姓、我的故事、中国新传说、荒诞现实主义和圣母情感类型。这些套路与其他文学非常相似，但人们却绝对百吃不厌，让人不曾相识。

持续的成功不会没有道理，何况是在数字媒体强大冲击下的传统期刊市场。然而，一样逻辑的"IT故事会"却20年不变地在上演着，不仅在小学、中学、大学上演，而且利用媒体几乎天天上演，那就是这些人的故事：吴士宏、唐骏、李开复、吴恩达。

　　事实上，"IT 故事会"的欺骗性越来越强，早年的吴士宏从一个扫地阿姨到微软中国总裁的故事完全符合《故事会》的传播要素，但还是很少有人把吴士宏当作技术人员看待。到了"IT 故事会第二季"的唐骏，欺骗性就很强了，非常多的 IT 人员把他当作 IT 工程师的样板来复制，虽然事后那张假的博士文凭露了马脚，但唐骏是否具备技术人员的能力已经在他的那个名叫"我的成功可以复制"的光环下瑕不掩瑜了。而第三季隆重登场的李开复可是科班出身的卡内基梅隆大学的博士，虽然后来助理教授和副教授很具有欺骗性的提法让人有点不齿，但李开复的创新工场还是让非常多的年轻人趋之若鹜。最近一个闪亮登场的是吴恩达，相比李开复英文歧义的副教授与助理教授的概念混淆，吴恩达是正牌的斯坦福大学的副教授以及国际知名的人工智能专家，要不然他也不会是 COURSERA 的联合创始人，也不会成为谷歌公司人工智能的负责人，更不会成为百度人工智能的负责人。吴恩达的故事与前面几个典型事例一样，具备《故事会》所有易于传播的特点——精彩、出人意料、帅气、平实、正能量、荒诞现实主义，只将其作为《故事会》的精彩是没有问题的，但如果拿来教育年轻人，将其作为软件行业的启蒙样板，总让人有一个非常大的担心：跟着这些人学，到底能不能编好程序？

　　那么，我们用一个什么样的词汇来形容这些 IT 明星呢？网红！对，网红。与《故事会》的专业包装如出一辙的是，IT 明星的包装并不在于他们在公司起到什么样的领导作用或拥有哪些核心技术能力，而在于市场号召力以及人力资源能力。2014 年，百度的李彦宏圈定了七八位世界上顶级的人工智能专家，吴恩达并不在其中，在美国拿到博士学位的李彦宏当然具有这个判断力，然而最终挖人失败，当吴恩达被举荐的时候，可能李彦宏就真的"假作真时真亦假"了。在宣布吴恩达加盟百度的当天，李彦宏就收到了真正的 8 位人工智能高手的入职申请，这对于当时只有十几杆人工智能真枪的百度可谓珍贵，而到

2016年年底吴恩达事实上被架空的时候,百度人工智能已经有1300人了,吴恩达功不可没。吴恩达在离职的时候说:"美国人擅长理念和新奇的想法,中国人擅长真正的工程和把事情做出来。"吴恩达在百度做了不少事,似乎是他做的,似乎也不是他做的。吴恩达没有什么错,全身而退,那么错的是谁呢?我想讲什么呢?

我想说的是,错的是我们的舆论和教育界,错在把吴恩达当作IT工程师去学习,而他原本应该在EMBA或者媒体传播课堂一展风采,却没有发挥作用;错在吴恩达、吴士宏、唐骏、李开复,不管他们会不会编程,也不可能是IT工程师能够和应该学习的榜样。软件工程师和"网红"其实是互斥的两种价值观,《故事会》原本就不应该当作文学教材。

后来,接替吴恩达的,或者说造成吴恩达离职的,是吴恩达在百度的上司王海峰,王海峰在百度工作多年,不但是真正的顶级科学家,还是顶级的工程师,一直是真正的人工智能的负责人。王海峰毕业于哈尔滨工业大学,在高中就是黑龙江物理竞赛的佼佼者,在对哈工大校友的赠言中,王海峰劝同学们要沉得住气,学好数学和软件,然而,这些行业内真正管用的真经,并不具备《故事会》的传播要素及套路。因此,今天要问王海峰是谁,恐怕没多少人知道,而王海峰的成功经验更不会流传,他所擅长的枯燥而管用的计算机学习秘诀也是传播不出去的。

IT界与体育界越来越像,俱乐部总经理、教练、运动员、体育科研人员、经纪人、领队、后勤各司其职,但核心还是运动员。比尔·盖茨作为一个领队,笑话乔布斯不会编程序,而乔布斯作为一个俱乐部总经理和首席体验师也并不丢人,作为教练的王海峰过去是运动员,今后也许还是,但是一个个产品是玩不了虚的,而作为真正运动员的顶级高手,真正值得作为教师推荐给学生学习和效仿的,应是运动员亲身体验的训练、天分、习惯等,这是最应该学习的。然而,问题的根本在于,那些真正程序员的故事教师又知道几个呢?当我们在向 IT 学习者传播吴恩达的时候，也许就是在误人子弟。

上文提到的哈工大以及中国科学技术大学，是公认的人工智能学术和本科教育比较强的学校，一般好的 IT 公司招聘，都会首先选择专业排名比较靠前的 985 院校，其次是 211 院校，然而这样的学校培养出来的学生到底是网红还是工程师，IT 公司心里都没有数，当然 IT 公司需要的是工程师而不是网红，正如公务员考试希望招的是《诗经》功底了得而不是喜欢《故事会》的秘书。我曾告诉 985 院校的一个学生，在我们公司能够跟我这样一个教授学习——对方没有反应，告诉他周围是一批 985 和 211 院校的硕士、博士——对方也没有太大的反应，但当我告诉他团队的 leader 是在 GitHub（开发者协作平台）星职 1000 到 2000 的主管，而且是当年某个黑客工具的开发组成员时，对方不问工资就答应了。总之，面对真正想学程序的人，不能光讲故事，在学校教育树立跟谁学和怎么学是非常重要的价值观问题。

2007 年 9 月，在创业公司担任开发社区工程师的汤姆·普雷斯顿-沃纳（Tom Preston Werner）在咖啡厅里偶遇另外一个工程师克里斯·万斯特拉斯（Chris Wanstrath），在互相证明自己多厉害后，Tom 突然有了一个想法，全世界的软件工程师不能任凭管理者讲故事，他们应该有自己的平台，这个平台唯一吃饭的本钱就是编程序！同年 10 月 19 日星期五的晚上，Chris 把第一份 GitHub 软件库发送给 Tom，GitHub 正式成立。2008 年 4 月 10 日，Tom 所工作的公司被微软收购，Tom 的工资从 10 万美金升到 30 万美金，但他在这一天选择了创业，成立 GitHub 公司。今天，GitHub 已经是拥有 1500 万工程师用户的软件开发者协作平台，当我们的媒体和教育工作者还拿吴恩达来励志的时候，IT 的人力资源已经靠 GitHub 的代码来找人，而一个优秀的软件工程师决定去不去一个公司工作，也不再看工资如何了。

如果说王海峰代表的是传统一代顶级科学家和顶级工程师的企业高管，其实他已经不值得年轻的软件工程师向往了。目前，在 GitHub 排名靠前的

IT 公司是阿里巴巴和腾讯，且他们积累了一批真正会编程的人。在 GitHub 的整个中国区前 100 名，也根本不会用工程师是否毕业于 985 和 211 大学来衡量，而是完全用星值来衡量，你的代码被人引用和支持，自然就是好的软件工程师。前面所说的星值 2000 的主管已经让真正的软件工程师飞蛾扑火的话，那么，中国人在 GitHub 的最高值是多少呢？排在前面的人又是谁呢？

排在前面的人，在媒体界是很陌生的，不信我把名字报出来：林惠文、阮一峰、吴更新、吴云祥、廖雪峰、尤小右、谢梦军。他们有的是软件工程师，有的是金融分析师，有的是在读研究生，从 25 岁到 50 岁都有，但他们有一个共同标准，就是程序编得好，直到现在还编得好。排名第一的林惠文，是北京师范大学的研究生，34000 的星值，全球排名第 38 位，而排名第二的是上海财经大学的经济学博士研究生。这些人的事迹和学历并不重要，重要的是他们曾经编过的程序——小熊词典、淘宝网、大话西游、饿了么、链家地产等，以及贡献给开源世界的软件。今天软件开发公司的效率成倍增长，每个有点悟性的软件工程师碰到一个新需求后，首先找的不是教科书，而是 GitHub 上的开源软件。

在林惠文看来，软件工程师的境界有三个阶段：消费阶段、实践阶段、创造者阶段。对于一个真正喜欢软件的软件工程师，代码是其应坚守的本分。当一个软件工程师将自己的代码运用到实践环节，并真正起到作用的时候，他就进入到实践阶段。而当一个软件工程师心无旁骛，做出独一无二的产品时，才是真正对自己的奖赏，也就进入到创造者阶段。与林惠文的观点相互印证的是，2014 年 GitHub 的 CEO Tom 把位置让给 Chris 后，异常兴奋地说："又可以编代码和进行技术工作了。"这样的习惯和精神，才是教育者应该传导给学生的。

如果说颠覆和重构是一种常态，那么坚守教育者的真正本分，却是软件创造者不断提醒我们的。无论是 GitHub 的创始人，还是王海峰，还是林惠文，还是科大讯飞的董事长刘庆峰，除了自由、兴趣、协作和动手干等共同的看法外，对于年轻人学习人工智能和软件都提出了非常中肯的意见：重视数学，重视体系性学习，长期努力，热爱代码。这些都是那些"网红"不曾给过的意见，也是传统教育应该坚持的。

如果你是一名教师，当然不会用《故事会》来教学生文学，那么在技术协作年代，如果你想教学生编程，你到底起到什么作用？你能教学生的，到底是什么？你是不是还在试图看"知乎大V"的故事、汲取《故事会》的营养，而不是坚持用开源者学习平台去编代码？

前段时间，某大学的一位教育技术硕士生告诉我："曾经有一位全国知名的教育信息化专家一行代码也没有编写过，而且这位名人到处演讲说得似乎都对，中小学教师疯转他的文章。而他的一位博士生原本代码水平了得，这几年却离软件工程师越来越远，说的东西也越来越离谱。"如果说这样的人仅仅是在培养大学的博士也就罢了，要培养沙场秋点兵的战士，是会闯祸的。这也是包括 GitHub 在内的 IT 创始人辍学的真正原因。

乔先生有乔先生的活法，马先生有马先生的活法，但对于风起云涌的人工智能教育来说，在协作时代如何教学生学习软件、学习算法，含糊不得，首先要按照软件工程师的路径去培养，那才是计算机教育的实力赛场，不然罪莫大焉。

当我们让孩子编程的时候，编的是思维逻辑

孔子诞辰2565周年？知不知道，你们算错了算术！

王莽，生于公元前45年12月12日，死于公元23年10月6日，请问按照实际岁数和中国古代的虚数计年，哪一种算法的年龄超过69岁？如果你会一种计算机程序，请列出程序计算，如果你不会计算机程序，请列出算式。

在当了软件公司20年的领导后,我尝试用这样简单的"软件思想题"筛选人才。以往,我尝试过学历、专业题、面试、背景分等办法,但效率一直不高。我原创的这种类似奥数题的考题,能迅速地将面试的软件工程师分隔开来。

上述考题是考查面试者的逻辑严密性,以及面对缺值(没有公元〇年)和插值(虚岁加一岁)第一反应的算法。之所以设置这样的题目,有以下几个原因。

1. 如果面试工程师谈吐和反映表现好,则是最容易流失的工程师,流失的原因不在于离开公司,而是根本不愿意在软件行业持续工作2年以上。

2. 如果面试的工程师专业技能很优秀,则极有可能是"超级短训班"培养出来的人,这些人参加的培训短则半年,长则一年半,其专业测试往往远远超过软件专业的本科生,但半年以后就会出现问题,也就是说,他们学的是计算机"语言",而不是计算机"程序"。

在了解了"每年超过300个面试和使用的工程师连续17年以及积累超过30000人次的软件工程师的日报数据"后,我发现在软件行业做得好、做得长的工程师,其言语有独有的特点,也就是"喜欢使用动词,不喜欢使用形容词和副词,动词的递进关系非常清晰,日报的字数极其稳定",这些软件工程师的日报表达形式,已经完全不像上学时语文教师教的,而是形成了相对一致的"IT文风"。

文风背后是教育逻辑,后来我发现,这种文风可能不是来自从小的编程,更大的可能是来自从小的家庭环境和教育环境。计算机程序员表现好的往往是学数学、机械、建筑、医学、电子专业的学生。如果小时候玩了很多所谓"创客",却没有注意软件所需的结构化思维,这一批人在公司面试时,往往首先被淘汰。

公元前534年,17岁的孔子见到老子,从此孔子"成为"老子的学生。9年以后,孔子开始授课,也成为老师。在文字成本相当贵重的年代,师生间的问答和辩论是训练思维的工具，生与师就是问和答的施者与受者。与孔子同时代的苏格拉底与他的学生柏拉图以及柏拉图和他的学生亚里士多德，用的也是这样的套路。师生间的问答与辩论是思维训练的最早模式，却不是最好的，就像今天的演讲家与宗教场所的辩经者以及议会斗争的说服者，语言能用的逻辑非常有限，直到亚里士多德提出的"三段论"成为语言辩论的高峰，后来就很难有人超越，而且语言演讲和辩论非常容易成为诡辩。

除了孔子和苏格拉底，后世很少有自己不写东西光凭说就能成名成家的人，因为便宜的书出现了，"文章千古事，得失寸心知"。在数学公式没有出现之前，还是非常容易区分文章的好坏的，且"不会写作的人就不会思考"。文章写不好的人，如果太能说，面试时一定会被淘汰，原因就是所谓的"夸夸其谈"，正如我面试软件工程师时，那些反应太灵敏，但专业题做得不好的人，第一轮就会被淘汰。

1968 年，MIT 的教授西蒙·派珀特接到一个基金会的课题，试图用计算机的思维教孩子微积分。那时，在美国，汇编语言已经满天飞，Pascal 也刚刚问世，FORTRAN 和 BASIC 语言正当其时，人工智能语言 LISP 也是非常有用的思维方式，然而，西蒙·派珀特却认为语言本身并不重要，重要的是让学生从小掌握计算思维。那么，如何让学生在不掌握非常专业的计算机语言的情况下就训练计算思维呢？皮亚杰当年告诉西蒙·派珀特，人们是从已有的建构和认知模式来认识世界的，因此他就想到了图形。西蒙·派珀特是人工智能之父，当年使用 LISP 语言来表达数值计算，这对于孩子来说太难了。他认为，与牛顿难以理解的高等数学相比，莱布尼斯的基于图形的高等数学就好理解得多，而孩子对图形的认知具有很好的建构。于是，西蒙·派珀特就有了主意，正在这时，他看到一个机械乌龟，"就它了！"西蒙·派珀特编制了一个语言 LOGO，首先引导学习者形成制作某种几何图形的算法，然后利用计算机验证这些算法，即使用一个实物机器人乌龟，通过在计算机中输入"forward"

（前进）和"Right"（向右转）两个指令以及在两个指令后输入不同数据来控制机器人乌龟在地面上爬行的距离和路线，如输入"forward 100"，机器人乌龟就"前进 100 步"，而输入"Right 45"，机器人乌龟就向右转动 45 度。机器人乌龟还带有一支垂在地面上的笔，以便留下运动轨迹。通过这些轨迹绘出的几何图形，学习者就可检验其形成的算法是否满足事先的设想。

在机械时代，LOGO 语言训练出大量科学家的少年思维，向左走、向右走、矢量、图形等，也对乔布斯、沃兹尼亚克、保罗·艾伦、比尔·盖茨等具有非常重要的引导作用。如果人类历史停留在工业时代，LOGO 语言今天还会被广泛使用，并作为训练中小学生思维的第一创客语言。然而，在 2006 年前后，情况改变了。米切尔·瑞斯尼克是西蒙·派珀特的学生，他接受的任务与 40 年前他老师接受的任务完全不同。2006 年前后的世界是网络的世界，是动感音乐、游戏、科学计算、社交网络的世界，未来的孩子应该训练的思维不再是"前、后、左、右 500 步"这样的"机械问题"了，"LOGO"这只"乌龟"太慢了，也太老了。与他的老师一样，米切尔·瑞斯尼克同样认为语言并不重要。米切尔·瑞斯尼克将视野聚焦在乐高积木上，经过与乐高公司的合作，一门新的语言——Scratch 诞生了。从乌龟到猫爪，计算机语言变化的背后是时代数理逻辑的变化。

"让孩子们一人拥有一台电脑编程的原因是计算机程序已经成为首要思维培养方式，而最开始是由写作完成这项功能的。但我们知道不是所有的孩子长大后都成为职业作家，同样的道理，不是让所有的孩子都成为职业程序员，但编程是一种最好的、能够找出第一个思想创意的方法。"米切尔·瑞斯尼克认为，Scratch 语言不是一种应用的重要语言，但却是对未来逻辑训练非常重要的培养设计思维的重要工具，这种训练与古典时代的语文写文章、工业时代的数学一样重要。"我们可以通过各种语言来做设计活动，更加重要的是帮助孩子们设计并对其进行应用。"

我们再回到文学时代。公元 1084 年，又一次风光无限的苏东坡路过南京，早已等候他的是政敌王安石。经过十多年的党争和口水仗，王安石和苏东坡都认为有比口水仗更高的表现形式，那就是文章。作为政敌的王苏二人，这些年来，越来越希望看到对方的文章出来而一读为快。辩论赛中，往往嗓门越来越大、动作越来越下作、语言越来越低级，而文章和文字不同，要留下非常重要的逻辑。经过多年的口角，王苏二人都意识到他们所争的无关人品，是君子之争，而他们的那个年代能够一比高低的文学，却反映或者比不出彼此政治选择的短长。如果再往后 1000 年，两位君子一定会放弃文学，而使用数量经济学的理论，代表保守派的司马光、代表改革派的王安石、代表科学派的苏东坡，一定会产生比《墨子·公输》更精彩的对弈。

软件改变思维的重大作用在于，经济学家争论问题，会忽视边界条件或者架设理想的情况，而软件工程师却不是，他们的程序要想运转，就得将任何架设的情况进行数值模拟，将世界上标准的算法和自己的思想结合在一起，将输入、输出显示出来才行。对于一个软件工程师来说，面对今后的世界与他手中的代码，要关注名次和形容词，关注量词和算法，抛弃使用形容词和副词，如果他想让客户满意，使用形容词是没有用的，他必须使用广场理论的六个度量维度：X、Y、Z、时间、转角、仰角。除此之外，别无他途。

目前创客培训如火如荼，从日本传来的消息是，那里的创客中心和东亚的一样，都走入了僵局。为什么呢？如果 10 年前 Scratch 对应的是那个时代的网络和社交以及游戏与人工智能的美国时代，采用的是美国风行的乐高积木和机器人技术，那么对于东亚来说，这种模式表面上可能很热闹，但训练的深度思维却不完全是这些国家现在和未来所需要的。那么，我们会面对一个什么样的未来：人工智能？后工业化？体验经济？还是物联网＋？另外，背后的算法又是什么？是离散数学、贝叶斯、不对称理论还是其他？这些不研究清楚，编程的逻辑当然就会混乱。

内化与外化

　　1990年，被关押了27年的曼德拉出狱，不久以后就当上南非的总统。在最极端的情况下，他被长期独自囚禁，一天在牢房里要待23个小时。然而，出狱前的曼德拉伟大，出狱后的曼德拉更伟大。他宽容了虐待他的狱卒，宽容了种族隔离的白人，宽容了黑人帮派。他用简单而伟大的人格团结了一个新的南非。很难想象这一切来自长期信息隔离的酝酿和塑造。

　　出身于黑人贵族、与曼德拉一样受过良好教育的温妮，在曼德拉入狱的27年里，扛起反种族隔离的大旗。可以说，曼德拉只是一面旗帜，而温妮是真正的战士。没有温妮就没有曼德拉。然而，一直与时代同步、保持信息通畅和自由的温妮，却走向了曼德拉的反向——谋杀、独裁、放荡、神经质，正如非常多嵌入网络不良信息不能自拔的初代网民一样，外化的信息并没有带来深度的思考，反而造就了一个浅薄的人。

　　信息极度匮乏时是一种惩罚，信息过剩时更多的是一种垃圾。正如曼德拉在被独自关押一年不得与任何人交流后，人生产生了少有的认罪和妥协；而温妮得到过多的信息后，自己不能驾驭时却走向了浅薄和疯狂。

　　简单而深刻的思考，成就了一个伟人；多变而垃圾的信息，烧掉了一个圣人。

互联网时代，最难得的是简单而深刻的思考，最容易的反而是在信息的垃圾中自以为是。对于教育的挑战，也在于此。面对类似于温妮的学生，反而比经过 27 年单调信息形成稳定价值观的曼德拉更难以管理。不管教育机构愿不愿意承认还是掩耳盗铃，没收手机和禁止上网，就像 30 年前我的高中教师不让我看琼瑶的小说一样毫无作用。

学习资源的外部化直接带来学习的外部化，正如沪江网的一亿网民，网上学习的潘多拉盒子一旦打开，"曼德拉"就再也关不进去了。然而，是不是互联网就真正能带来好的教育成果呢？

我们今天谈"互联网＋"，也就是具有内化能力的人，用自己的定力筛选和使用外部信息。学习与教育的最大区别在于，学习可以是谁有兴趣谁学，吸引和筛选特定的人群进行，而教育不行。

信息的"潘多拉盒子"一旦打开，就是一种无处不在的渗透，面对挑战，与其掩耳盗铃，不如加强内化的过程。这就像出租车司机遇到网约软件一样，刚开始觉得特别方便，后来发现自己是被革命者。在信息要素充分流动的大趋势下，内部信息的结构性和稳定性是能否面对挑战从容应对的关键。网约车可以先放后收，而教育不行，面对冲击，预则立。

具备了价值观和教育结构的形而上的稳定性，学校的实体价值难道不比关押曼德拉的监狱好吗？教师难道只是狱卒吗？应该说实体的学校是培养在时空流动时代数字公民最稳定的载体。

今天的教师面对"互联网＋"时代的教育冲击所要解决的问题，比曼德拉被释放出来要解决的问题更加艰巨而伟大。那就是，充分认识到新技术及其思维，并运用到教育管理的实践中；以未来 30 年经济技术背景支撑中华文化伟大复兴所需的数字时代的核心素养为目标，在信息高速流动背景下坚守教育核心价值，改善实体教育机构的价值传承模式；坚持与改善新形势下教育规划与预算及监管职能，促进资源共享过程性的改进，提高数据决策频度的效率，增加以用为本的信息资源考核权重和监管力度；充分发挥互联网的资源优势与社会资源，通过数据共享、数据服务、数据决策等数据治理方式的科学采用，实现管、办、评分离，教、考分离的教育现代化，最终构建并支撑创新人才所需的清朗、规范、安全和高效的教育信息化生态体系。

技术总是以想象不到的智慧捉弄原地张望的人

| 40 年教育技术的 5 个片段

1978年，张叔叔理想中的电化教育

1978 年，中央电教馆在邓小平同志的关心下成立。成立中央电教馆的初心是在群众露天电影开始之前的十几分钟放几部科普的电影片，这件事要有一个国家教育部的事业单位来管。事实上，中央电教馆最初做的也是这件事，成立当年就组织了一次国外电教设备展。早已等候 3 年的华南师范大学教授李运林就抓住了机会。在校长潘炯华的支持下，李教授将最新的电视教育设备买了下来，并引进了香港地区大学电视维修的专业团队。中国电视教育在北京开花，在广州结果。《罗非鱼》是第一部真正意义上的电教片，一批既不同于中山大学理科又不同于华南工学院工科的教育科的电子专业——电子教育应用诞生了。

几乎与此同时，家在河南安阳的大哥魏飞正在准备千军万马过独木桥的中国高考，魏飞当年的高考分数是 399 分，幸运地考上华东石油大学。万分失望的另外 99% 的同校高考生也几乎同时得到一个好消息，广播电视大学与中国高考同时出现。英国的开放教育的基因在中国结出了硕果，记得当初邻居们

都对周末到城市一个集中放电视不用出省就能读大学的模式充满期待,隔壁张叔叔对我说,他的儿子10年后就读这个时髦的电大,电教的出现让邻居们预测"四个现代化"实现以后电视大学会取代多数真正的大学。10年后,张叔叔的儿子上了中专而没有选择电大,因为中专有国家干部身份而电大没有。40年后,张叔叔的儿子就读的那所中专变成一本院校,而广播电视大学文凭仍然原地踏步,成了开放大学的自考教学点。

电教的意义在于,人们发现除了知识和文凭外,教育更重要的东西是被廉价的技术不能取代的某种只有校园才具备的东西。

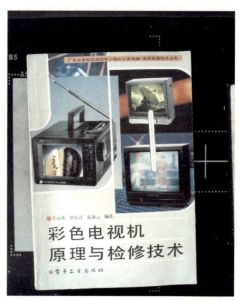

电教的逻辑起点是彩色电视机维修,从作者的另外一本书可以发现这个有趣的结论。

1988年,徐同学的现代教育

鹿守理教授早年留学苏联,20世纪80年代初又是第一批公派出国的,他只用 3 年时间就拿到了德国的博士学位。1988 年，在德国母校的资助下，他建立起北京科技大学第一个计算机应用教研室，一共有 6 台电脑，8086、XT、AT 的计算机。那年，我上大学二年级，关系最好的师兄正好是鹿守理的硕士，负责管理这间价值 40 万的机房。那一年，我和徐同学没日没夜地在机房中混日子：白天旷课，在师兄的眼皮底下学 CAD、CCED 以及 BASIC、FORTRAN 和有限元计算；晚上，趁师兄不注意，打挖金子游戏。1988 年，早期好点的大学的一些重点专业完成从纸带机到 PC 机的转变。1991 年毕业时，我的毕业论文是第一篇用打印机完成而不是手写的论文。

"鹿守理们"开创了中国专业计算机应用的先河，他们原本希望我们利用计算机进行材料计算，培养一批材料专家。没想到，10 年以后那批机房里玩"现代教育"的人都转向了计算机行业。虽然当初预计计算机的发展带来无纸化结果却使得纸越用越多是完全错了，对我们的培养也是南辕北辙，然而却是无心插柳柳成荫。

现代教育的意义在于，从电视到电脑完成了出口的解放。专业、课程和机房只是学生的入口，一旦进入，出口在哪里，学校和教师也无法预测。

1998年，蒋教授的多媒体教育

1998 年是一个独特的年份，这一年北京希望电子出版社成立，原本以 UCDOS 出名的希望电脑转向电子出版业，Adobe 系列产品和网页三剑客成为争相盗版的对象。电脑已经普及到几乎每个中等收入城市家庭，而学校教授却没有意识到时代的转变。那一年，妻子在上海理工大学读硕士，讲授管理学的教授在课堂上突然对他们说："如果你们谁能答出贵阳的简称，我就把本学期的考试变成开卷考试。"结果，妻子马上给我偷偷打电话，我用谷歌飞快给了她回复。

1998年，复旦大学管理学院院长郑绍廉教授引进了香港大学联合办MBA，这一年我正好赶上读这个班。香港大学、复旦大学的教授惊奇地发现郑教授引进的"教授们"在一间捐款100万装修成的李达三105教室上课，一半时间是学生讲，另外很多时间是放一种叫PPT的东西，中间还穿插很多视频，算下来一堂60分钟的课，老师似乎只讲了20分钟。记得当时郑教授专门发出通知，大意是"不会用PPT的老师不是好老师"。

我硕士的同桌是一个刚刚入职的大学教师，严谨有余而幽默不足，经常碰到的事情是准备的60分钟的课40分钟就讲完了，后面就让学生自己看书，并因此受到督导组的多次批评。受到香港大学的教学启发，他之后每学期准备了几十段长短不一的有趣视频，每次上课根据提前的时间来放不同的片子，很好地解决了问题。10年以后，我也进入了高校，一次上课时突然停电，教务处检查后发现，真正的好老师是没有PPT仍能将课讲好的老师，而我听说我的那位同桌授课还是不怎么样。

多媒体教育技术的使用，使得不那么好的老师上课显得也不那么糟。多媒体技术使用的意义在于，人们再也不用学富五车来评价一个教师的好坏，技术光环的背后，人们开始重视授课这件事的本质。

2008年，顾妈妈亲身体验的在线教育

2008年，对于沪江网的伏彩瑞来说是个不一样的年份，经过多年的公益社区经营，沪江网拿到了第一笔100万美元的天使投资，搬出了民宅办公。这一年正好是亚洲金融危机，伏彩瑞敏锐地感觉到仅仅靠网络导流为B端用户做广告和拿代理费是很危险的，于是针对C端的沪江网校诞生了。

山东淄博一所重点中学的信息技术教师田岗老师一方面在免费的互联网网校平台开设课程积累粉丝，另一方面在闪客帝国当版主，而闪客帝国背后是

Adobe 的 flash 产品。同一年，河北一所中学的教师闫平开始创办个人教育网站"好人教育"，全国各地的教师在网上成为闫老师的粉丝和学生，他们向闫老师学的东西在本校很好用，若干年后，这种东西有一个响亮的名字——"微课"。

顾妈妈是伏彩瑞、田老师、闫老师的用户和粉丝。这一年，她跟随丈夫到卡内基梅隆大学访学，并把学习优秀的八年级儿子也带到了美国。顾妈妈本身是数学教师，受益于网络教育，在美国也完全按照最优秀和最好的重点学校教师的课件培训自己的儿子，还与儿子班级的老师保持密切联系，把课件全部同步到了美国。一年以后，满怀信心的顾妈妈发现，自己的儿子从班级的前三名退到了倒数第八名。

也是在 2008 年，我所在大学的教务处长发现学生上课开始使用手机做不该做的事情。于是，几乎同时上海高校的教学楼在上课期间 WiFi 全部关闭。这一年，刚刚起步的互联网教育试图代替传统教育，而传统教育似乎重新定义了互联网学习——那些能从网上获取的似乎不属于教育。

人们不断地预测在线教育能够代替真正的教育，结果却是，在线教育、互联网教育如果从教育中剥离出去就不再是教育。学校到底剩下什么，虽然是不解之谜，但好的大学开始重视实体空间：大树、大师、厕所的手纸、亲近的师兄、隔壁班的女生和工业主流的实验室。

2018年，钱学霸的木屋国学实训室

2012 年，正是美国在线教育最热的数据元年。这一年，我美国的邻居是涂子沛先生，他正在完成《大数据》的写作，于是我们不断地在他家的沙发上探讨未来教育。正是涂子沛向国内读者介绍了美国在线教育的情况，并提出未来网络可能的"微认证"。他和我都预测，在线教育会改变教育形态。那一年，

我从卡内基梅隆大学的课堂上发现了另外一种课堂。教师每年用 5 万美元的资助带领 100 位学生完成世界上从来没有人完成的作品，通过这个作品，学生在网上完成对全套课程和作业的实体整合。

2018 年 1 月，我开始学习新一轮的卡内基梅隆大学人工智能的课程，正好我也教学生网络智能基于与应用这门课程。我发现卡内基梅隆大学与上海海事大学的最大差别不是网络教学、课程资源，也不是学生生源，而是在卡内基梅隆大学只有实体校园才能体会到的"痛苦的训练、团队的鼓励和怨言"。

在线教育代替传统课堂的现象并没有出现，微认证也并不重要，我发现，利用在线教育和 50G 的课程资源最重要的反而是一些原本没有想到的东西。

1. 我会的东西不再重要。有了卡内基梅隆大学为我带来的全套课程，我已经变得不再重要，学生从我身上真正得益的是教学方式。

2. 有了在线考试、测验以及作业系统，学生从知识、技能、体验中得到资源，提交作业。课堂上，我的作用是组织资源、学生以及技术，发现学生的男女搭配、性格搭配、生源地搭配、宿舍搭配、"学霸学渣"搭配，甚至星座搭配，这些都比以前更加重要。

3. 一个小组中学生角色比分组更重要。由于学生的程度、兴趣点不一样，必须用难度、热点、特长等角色把一组学生分开——市场调研和商业报告、用技术讲故事、发明专利、实用新型专利、软件产品与著作权、硬件原型、网络工程和商业投标书。

4. 学生的组分好了，角色分好了，作为教师最有价值的是经验，是学生不具备、电脑和网络也不具备的经验。我总是从学生汇报的一个亮点出发，让他们编一个故事，这个故事要有主人公，要有戏剧性，戏剧性背后支撑的是专业技术——色彩、代码、可视化、数据收集、接口等。我发现，面对知识爆炸时代，我只知道一些皮毛，但没有关系，能把它们组织在一起的只有我，也必须依靠我。

以书本为课堂，可以传道；以网路为课堂，可以授业；以天地为课堂，可以解教育之惑。将校园这种传统的形式注入信息因素，本身就能成为一个顶天、立地、在人间的智能空间。而空间中，也许再不需要智能和博学的教师，需要的是充满智慧的导师。

教育信息技术趋势图谱

越来越多的新技术与概念转瞬即逝，我们与其畅想20年后的教育，不如思索不变的是什么。下面让我们思索躁动背后的教育逻辑。

知识图谱。外化的是形骸，内化的是图谱。以学科、领域、专业、课程为节点，用可视化手段描述它们之间的发展、联系、逻辑就成为知识图谱。人的大脑不是开发了5%而是已经太多，弱水三千，只需一脑壳足矣，教师需重新回到问答和教练，为学生构建网络时代的"观念之网"。

结构化学习。互联网学习逐渐剥离出教育，学校如何发挥结构化学习的核心优势呢？信息化的实质是解决排队问题，那么在过剩资源下教育如何用空弓教射，教育不用走得太快，关键是留下谶语作为学习路标，教师只有厚积，学生才能薄发。教育的作用是归集信息，那么，教育即负熵，学校何耗散？

离散连接。马云通过免费的电视宣传将自己的理念传达给阿里集团，清华教授在机器大胜棋手的同一个月用围棋理论解决分子筛化学难题，美洲的蝴蝶经过四代迭代回到曾祖父、曾祖母相爱的那棵树。当我们感叹教育三体的混沌与无解时，换一种思路会明白世界万物原来并不相连，能解的都是特解，联系在一起的不是机械而是作用力。

信息阈值。信息化是太多了还是太少了？互联网教育真的能代替传统学校吗？课堂上剩下来的到底是智慧的教师还是智能的工具？其实，保守具有内在价值，课堂本有信息阈值，教育技术工具时代，更应该体现教师、家长和学校的教育责任。

开源学习。Python 已经被列入浙江省高考，当大家抱怨供基础教育学习的代码太少时，了解应该是 R 还是 Python 并不重要，重要的是学生要有直接上开源平台找代码的能力。"胶水"语言将社群学习从看台变成一个实力赛场，而学生希望将每次作业变成一次星值。

信息体验。在代码已成为文学的时代，学校的责任在于在学生身体没长好时不要为学生塞进信息垃圾。信息化正在进行一场体验革命，数据之美、信息之美、设计之美的核心追求会替代功能已经过了临界值的教育信息化。

学生画像。自然语言、分词、语义，越来越低的门槛构建出越来越全息的空间，课堂还给人生，校园映射云影，当我们记录学生时不要忘记也在画像教师，我们不是蜡烛，也没在燃烧，而是灯泡，没有学生时，灯也该关了。

学业评价。信息是浪，知识是岸，学生为船，信息技术下一步应该转向面对不同角色和不同类型的教育，信息化不是颠覆传统的校园，而是高度还原适应未来学习的有效场景，这种场景中，大纲、活动、评价是学校的传统法宝，知识、技能、体验是教育最重要的骨架，智能时代需要的是教育智慧。

智慧教育与认知的四个范式

2018年6月,一篇浙江某学校用摄像头和人工智能评测上课小学生积极性的帖子引爆网络。有关"智慧课堂"及其产品的争议,一直都有。从历史发展来看,在课堂上运用教育技术是趋势,无可厚非,争论的核心是作为教室中的"人"而存在的师生,在教室的广义信息空间中的主导权问题。这个问题并不简单,也不会很快有结论,但如果从社会科学和自然科学交叉的教育科学的发展来看,可能会帮助我们打开思路。

一 从学科到科学,控制成为教育信息的第一范式

教育学成为一门学科,教师成为一种职业分工,离不开历史的演变和共性的积累。从这个角度来讲,教育就是实证主义。实证主义与认知哲学中的经验—分析型和认知旨趣等价,研究教育学时,同样应与哲学家涂尔干的逻辑思路一致:

1. 研究教育学时,要把课堂效率实证逻辑的社会事实当作社会学研究的起点。不断有学者写文章说,补习班不能提高学生学业成绩,这与实证主义事

实完全不符。正是因为"高效课堂"与"优秀成绩"之间存在教育事实的联系，才会出现课堂测试学生表情这样的"技术事实"。

2. 要能区分正常的社会现象与病态的社会现象。正常的社会现象是小学生就应该开小差，大学生就对异性想入非非，注意力不集中，是人的天性和生理必然。实证主义哲学同样要求我们研究非病态的社会现象。从这个角度来看，将不开小差的学生之病态教育现象变成正常生态研究和推广，其后果是非常严重的。使用技术手段强制要求学生"集中精力"，反而会让他们"常态化厌学"。所谓中国成年人读书率比较低，大致也是如此。

教育学成为一门科学，同样有自然科学研究的第一范式，它由图灵奖获得者祖吉姆·格雷提出。格雷把描述现象及其特征的实验归纳法称为"科学研究第一范式"，它是一种由个别到一般、从特殊到普遍、从经验事实到事物内在规律性的认识手段和模式。从教育学的角度来说，海伦·凯勒、杨振宁、爱因斯坦等人有一些学习模型，还有类似10000小时定律等，这都构成控制教育质量的一种普遍规律。有了归纳和实验，教育逐渐成为科学。

二 从个体到一般，实践成为教育信息的第二范式

教育一旦成为科学，就会按照科学规律进行，至少在宏观和统计学上是很有效的，这便成为自然科学上被格雷称为的"模型推演第二范式"，即"智商中上，比别人学得早、学得多"。智商中上作为第一条，因此生源成为首要竞争要素，学得早、学得多其实是整个社会包括家长的合谋。有限的时间如何高效，从实践性到技术性的转变是第二范式的必然结果。

与自然科学的实证针锋相对，可用韦伯提出的社会科学的第二范式"解释主义"来看待高效课堂这件事。如果我们更多关心的是多数经过这种"聚精会神听讲，仍然不可避免由于高考而失败的人生轨迹以及教育在职业人生的真

正影响",就能从另外一个角度看待这种教育信息范式的真正作用。

三 从批判到建设,解放成为教育信息的第三范式

批判是最大的建设,批判性是马克思哲学的重要成就。批判与哲学上的解放等价,批判性思维与创新思维等价。本次智慧课堂实践引发的思考已经接近创新,如果继续深究,事实上就是社会科学研究的"第三范式"。

教育变量太多,如果将班级学生的构成、父母、家庭背景、智力分布等因素按照社会先验概率进行模拟,使用计算机仿真取代教育实验,按照自然科学常规方法研究,就成为格雷眼中的"第三范式"。

事实上,应试教育是仿真学在社会科学中最惊人的实践。人们千百次用学生走出社会可能遇到的情况重复训练"预备役社会人",这与明朝考进士的人练毛笔字和背诵儒学经典同出一个范式:前者是训练工业文明守规则、明分工的社会人,后者是训练守秩序、不逾矩的读书人。我们在批判这种教育的同时,也是对这种教育的最大建设。

批判是为了解放,仿真是为了省力,也是解放。教育最终是将稳定的归于稳定,为创造腾出精力。从这个角度上来讲,智慧课堂与教师评价一样,把数据作为考核好学生、好教师的标准,把人当工具了,但考核行为异常的学生和教师底线不及格,还是有一些依据的。

四 从为什么到是什么,复杂成为教育信息的第四范式

在教育哲学上,高度抽象和简化成几个简单易模仿和复制的模型,与结构主义初衷同源,充斥于耳的"这个班为什么出了34个北大清华"之类的简化"秘诀",就是如此。然而人是多变的,环境是复杂的,教育也缺少简单的

确定性。哲学上的后结构主义所代表的碎片化、多元化、多角度、离散的后现代主义成为教育信息的"第四范式",它抛弃结构主义的简化主义方法论,试图去了解这个无法挽回的、被分割成数个体系的世界,却发现规律并不依靠结构化的科学知识,有时要放弃"为什么"的科学精神,集中精力于"是什么"。

格雷的自然科学第四范式被称为"数据密集型的社会发现",他更进一步认为,由传感器和大数据所代表的机器学习,甚至能自动地、超越人类更加高效地发现内在规律,而我们只知道"是什么",不知道"为什么"。格雷是关系型数据库的创始人和 SQL 的创始人,在差不多就要看到深度学习的成果闪耀登场时,他却驾舟不知所终。而深度学习模型确实如他所预测的那样,我们只知道是什么,而不知道为什么。

不知是否回答了题目的问题,按照第一范式,教育局和校长会很喜欢,因为控制;按照第二范式,从短期和长期、学霸和"学渣"的不同角度来看,还会继续吵架,但谁也不会否认它们确实有用;按照第三范式,批判就是建设,形式化造就自由,应试确实有效,教育贵在还有其他东西;按照第四范式,机器超越人类,发现人类没有发现的规律,而惊奇的是,作为智慧的人,在智能技术的冲击下,对复杂事物失去了灵性的直觉。

保守的内在价值，
信息的教育阈值

1968年9月的第一周，美国威斯康星州新格拉路斯中学开学了。这个原本很小的学校缺席了三个学生，校长一下子警觉起来，原来是本社区三位阿米什家庭的孩子决定不再读高中。经过一番交涉，本地教育部门破天荒地决定对三个家庭各罚款5美元。照以往，这个以不用电、不用现代医疗设施、不用汽车、不用律师的群体吃个哑巴亏也就算了，然而这次不太一样，有人帮着打官司！经过4年的漫长官司，最终阿米什家庭获得胜利。但是由于美国教育法属于州立法，其他州的阿米什人就没有这么幸运了，很多阿米什人既为了满足州立法要求的12年义务教育，又要满足祖祖辈辈的祖训："读书读到初中就够了"，在八年级毕业后，继续在村庄的初中读四遍八年级。

上述案例不是想证明教育不重要，科技不重要，恰恰相反，阿米什人是一个非常重视教育的民族。在辩护词中，阿米什人认为（阿米什人不打官司，也不是他们说的）他们的家庭和社区教育比现代学校的高中教育成功得多，而从1972年到现在的近50年时间也印证了这个结论：完全分散在现代美国几乎毫无交往的几千个阿米什村庄的24万阿米什人，是蝉联美国创业成功比例最高的族群。

教育当然很重要，但如果将教育无限扩大，将基础教育扩大到高中，甚至将高中教育扩大到本科、硕士、博士，是否社会就会变得更好呢？我想未必。事实上，教育在救济和扶贫层面是最成功的，在精英和现代科技层面是不可或缺的，除此之外，夸大现代学校的作用，往往是背离教育原义的。而科技和信息是否也有一个正常的阈值呢？

　　教育的含义很广，因此泛泛谈教育中的信息阈值很容易让人困惑。1999年，阿城钢铁更名科利华，出了一个呼风唤雨的人物——宋朝弟，成为那个年代的 IT 首富，原因是这家上市公司推出了一套针对中小学的在线学习资料"科利华电脑家庭教师 5.0"，声称："通过多媒体声光电多种信息处理，为学生提供复习指导和习题练习以及虚拟仿真的学科实验室。"同时，推出了一本家喻户晓的书——《学习的革命》来推波助澜。然而，事实却开了一个巨大的玩笑，科利华很快倒闭，而传统学校不但没有消失，坚持传统信息模式的衡水中学用 17 年时间证明了保守的信息更成功。事实证明，信息载体、信息符号、信息技术，每一种东西都有自身适用的阈值，超出这个阈值，就不再有效，甚至起反作用。

　　走过科利华，我们迎来了新一轮的教育革命，而大数据还没热透，人工智能已粉墨登场。迎接创新时代，需要我们具有非常笃定的信息价值观和洞察力，什么是信息和技术的阈值？其实，无论是大数据还是人工智能，信息背后的价值是相对稳定的，其核心素养是具有丰富经验和阅历的教师能够判断的。而传统甚至保守的学校、校园，按照信息论的说法，都能用信息表达，但是教育的信息技术，很可能筛选掉真正有价值的信息。这种情况下，信息过载一方面意味着信息垃圾过多，另一方面又意味着有益信息匮乏。因此，教师在这个时代最大的价值是对信息的补充、筛选和设计。

　　顺便说一句，回顾过去 20 年，信息化的教学手段未必对学生学习起到太多的正向直接作用，但对于教师的作用是不可小觑的。试想，过去 20 年，还有哪位只拿粉笔和纸质教案的年轻教师能够把课教好呢？

伯乐常有，
而相马技术不常有

教育信息技术发展的四个象限

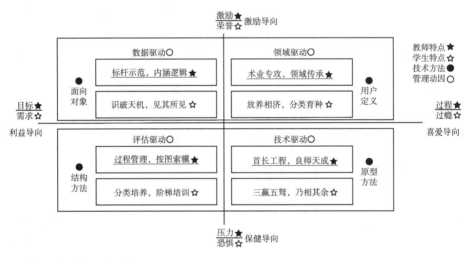

教育信息技术发展的四个象限

  先讲四个历史上的相马故事，其中前三个故事来自《相马经》。

  1973年长沙马王堆出土的汉代帛书中，发现了5000多字的《相马经》手抄本，其中所述的故事与历史上伯乐相马的经验吻合，《相马经》完全是一本选马技术驱动的教科书。

  第一个故事大家都熟悉，就是伯乐相马的故事。伯乐能够相马驭马，却不善育马，因此全天下找马。不仅如此，伯乐的教育方法也只能培养"识别良马"的儿子，却不能培养"识别国马和天下之马"的教师。

第二个故事是一个成语，伯乐按照结构化目标管理所培养的儿子是个小书呆子，他按图索骥，终于找到父亲所说的良马——一只癞蛤蟆。

第三个故事，伯乐有一个打下手的能育马的农民工叫九方皋，伯乐要退休了，秦穆公需要一个相马接班人，九方皋说为秦王找到了一匹黄色的母马，结果来了一匹黑色的公马。伯乐大惊，发现九方皋高出自己儿子两个等级，能"识天下马"，却忘其形。九方皋关心的是数据，"识破天机，见其所见，不见其所不见"，能力远远超出伯乐本人。

《相马经》中的三个故事讲完了，到了唐代，《相马经》就遗失了，直到1973年考古发掘出来。下面这个故事能告诉我们为什么《相马经》这本每个养马人必读的教科书会遗失。

从汉代开始，汉武帝就知道马种的重要，不惜出动10万大军以获得汗血宝马，这明显是要获得种马改良的中原马种，从汉武帝到唐朝，中国的马政走的是一条国营和民营相济的道路。直到宋太宗一次大败仗损失超过10万军马，中国的马政开始转变，养马从此国营垄断。育种育马技术从本质上让相马回归到了"用户定义"的本真。

与养马技术几乎完全映射，教育信息技术的发展几乎走了与养马完全一样的道路。以下是其发展的四个象限。

技术驱动：按照客户需求进行个性化开发，开发方法采用原型方法，推动方式为"一把手工程"，教师和学生面对巨大的压力，信息化的"不换工具就换人"的思路也成就了一大批过程完美和学习过瘾的"不可复制的人才"。

评估驱动：在信息化成为一个独立职位和学科的初期，技术架构迅速成熟，与此同时，工业的结构化技术被引入信息系统的开发过程，数字化校园、管理信息系统、基于国家教育管理的数据上报系统等迅速得到普及，对于学生来说，标准化和经验积累的结构化教育设计使得优质教育得到推广和普及，学生分类培养和阶梯发展成为主流，教师在这个系统中被严格的过程管理和按图索骥，标准差很小、均值很高、创新很难、教育家不可能出现是这个系统的内在规律。大量符合标准，但仅仅为了符合标准的"癞蛤蟆"系统也让人们忘记了什么是教育。

数据驱动：随着更加开放的数据和更多物联网应用、基于模型和算法的数码化计算时代到来，数据驱动的教育系统更加准确地识别个性化和特长学生的内在天分。数据驱动时代，对于教师来说，好的标杆成为激励，对于学生来说，自主个性化得到发挥成为荣耀。然而，围绕目标和利益导向的教育，仍让多数学生和教师最终成为失败者。

领域驱动：当数据成为学科的基石之后，教育这个大的分类学科开始细化，技术的扁平化使得大量具有专业背景和专业延承的教育专家有了用武之地，与此同时学生的个体价值开始在大数据的支撑下得到发挥，用户定义信息系统时代的趋势逐渐到来。教育重新回归本源却上升一个层次，教师的激励是发现学生，学生的荣耀是成为自己，教育成为一个专业可持续的过程，学生学习成为一件过瘾的事情。

教育信息化要沉下心来，避免热闹

几年前，一年一度的某教育大会正在举行，这一次规模宏大，邀请了非常多的业界专家来演讲，我是第二个演讲者，第一个演讲的是80岁的王院士（代名），根据主办方的介绍是著名的物联网专家。王院士一上台，就觉得不对劲，展会的高音喇叭让他无所适从，一千人的会场让他感到局促。等我演讲时也发现困难很大，因为在这样的会场，演讲者根本听不到自己的声音，如果没有经过专业的训练，问题就大了。确实如此，院士几次要求不讲了，但看到眼巴巴泪汪汪的主持人，最后还是把PPT翻了一下没有说话。讲句客观的话，老院士确实对专业见解独到，但对于教育应用却是小儿科，没能逃过热闹的王院士，在教育信息化方面确实没有沉下心来，也不适合在这种场合出现。

有了王院士的教训，后面主办方就没有再请院士讲，效果反而更好。这几年我跟踪调查发现，愿意参加各种讲座和大会的总是一些教育网红、初出茅庐的教育创业者，愿意进行演讲和发布"教学成果"的也总是那么一些人，然而这些人既没有好好教过课，又没有好好做过信息化系统，却在朋友圈里到处转发非常吸引眼球但具有很大偏见和误导性的教育经验，相比起来，我倒是很怀念王院士。

作为一个教师，以及在 IT 公司当过 25 年高管的创业者，我的经历与一般的教师有点不一样，更习惯用第三只眼看待问题。25 年间，我面试过的开发人员总数也超过 10000 人了，一般来讲，被面试的开发人员，口齿太好、反应太快、符合中小学教师心目中优秀干部标准的，是绝对做不了开发的。事实上，表现比较灵活的人，即使做了开发，后来也都转向了前端开发，做不了核心开发。转向关注前端开发后，最终能做好前端开发的，基本上多数也是比较安静的人，反应太快和比较灵活的前端工程师，容易受到外界、用户影响，风格变化容易太大，也容易用色和体验太不稳定。后来我发现，这些人与客户沟通不错，做项目和需求还行，尤其是女性，容忍性比较强，能够顶住来自用户的压力，比较适合需求工程师这个岗位。

我分析了过去 25 年来所遇到的项目经理和需求工程师，发现真正好的沟通者是绝不多言的，甚至有些木讷，真正好的销售也不是口齿伶俐的，信息系统的销售需要对系统有深层次的认知，他更多的是在观察用户，让用户说，热闹的反而是用户；真正好的用户也固本手拙，热闹的反而是用户的领导；真正好的领导是目标精准直奔主业，是不喜欢热闹的。那么，教育信息化中什么行业最热闹呢？厂商热闹，那是必须的。除了厂商外，热闹的是记者们，是媒体，是热衷于主办各种教育论坛、语不惊人死不休的展会操办者。

教育信息界名词很多，造词的人基本上有一个共同特点：没有做过系统，没有管过系统，没有好好用过系统，没有当过系统的销售、需求、前端，更没有开发过代码，而做过以上这些的人基本上是很谨慎的、不热闹的。

著名的管理信息系统专家薛华成对我说，看不见计算机的信息化才是好的信息化。他对我说过一个基本无关的例子让我一直在悟，他说在清华大学读书时，公认的最好的教授上课一丝不苟，不讲一个笑话，有一个动作能证明他是一种怎样的不热闹：每次他讲完课的最后几个动作是拿起讲义、欠身、转身走下讲台，同时将粉笔头向上抛出扔进垃圾桶，粉笔落下的时候，下课铃声响了。

教育技术工具、教师、家长的教育责任

一对访问学者夫妇在国外访学期间让孩子参加在线课程，按照在线课程的重点和知识点学习，回国后发现孩子的考试成绩差了很多。访问学者夫妇原指望通过优质的、经名师设计的在线课堂来学习，没想到还是不如真实课堂。这个故事及其争议让我想起另外两个故事。

公元 1108 年前后，中国的第一次艺术高考举行，当朝皇帝第一艺术教师徽宗赵佶不但亲自出题，还改卷面试，并将亲自授大课。这样一来，考出来的画匠当然了得，而除此之外还特招了一些少年班的学员在画院学画。其中有一个叫王希孟的小孩，画画成就和进步确实不怎么样，就被转到了图书馆工作，离开了国画班。偶然间，宋徽宗的授课笔记就被班上的好事者传抄了出去，在画院隔壁图书馆工作的 17 岁管理员王希孟如获至宝。每天跟着宋徽宗的画院印象笔记"在线学习"，颇有心得，自觉日益长进。王希孟时不时地将自己的自学作品献给来图书馆读书的徽宗皇帝。赵佶看王希孟实在不得章法，但却具有很好的天分和自学动力，起初偶尔指导两下，到后来一对一教学——指导、批评、指正、惩罚，直到王希孟的作品有了点样子，到最后其一幅作品《千里江山图》被满意的皇帝题诗送给蔡京。此画一面世，举国震惊，其水平远在画院上大课学画的多数工匠之上。

　　15年前,我在清华大学当教授的大哥也带着自己的孩子到美国访问。他并没有像上面的访问学者用在线课程去学中国的课程,也没有带孩子后一年的授课笔记,而是直接将孩子送到美国的英文学校,课余时间他也没有让孩子复习中国功课,而是用这难得的一年时间,让孩子了解自己的学科和专业。无论是在美国的课堂,还是回到中国的课堂,孩子刚开始上课时有点难,成绩也有点落后。然而,正是由于在美国的一年学习,使得原本在出国前理科非常了得的孩子,回国后马上得到了北京市外语竞赛第三名,再后来以698的高分被清华大学电子专业录取。

　　案例中,在访问学者带孩子远程学习的过程中,教育缺位是值得重视的一个问题,而教育错位的问题更大。无论是在线教育,还是宋徽宗的笔记,在知识层面,也许教育技术能够补充甚至替代很多教师的部分非教育工作,但信息载体带来的只是学习,而不是教育。只有激励、惩戒、谈心、交流、同学间的竞争、二次指导、慈祥的宋徽宗的细心训练等这些真实情景的沉浸,才能称为教育。不同角色在教育中的主导权和责任是不同的,教育首先是监护人的义务也是长期教育,其次才是教师的义务及短期成绩的责任。因而,访问学者夫妇首先要承担起父母的教育责任和专业责任,其次应该送孩子到学校让教师承担严肃教育的责任,而这些最重要的"教育"的缺失,是"在线学习"无论如何也补不回来的。

区块链技术下的
教育价值

一 前后任实验管理处处长的困惑

周处长是一所 211 大学（A 大学）实验室管理处的处长，同时为了管理方便还兼任教务处的副处长一职，10 年前当上这个难做的处长并做完他最后的 10 年任期。周处长面临的一个困境是 10 万元一平方（市中心的房价）的实验室大量闲置，实验资金的重复投入和铁将军把门使得学生不能有效使用这些实验室。与此同时，他还要面对教育部、财政部、国税总局、科技部、国际专业认证、本科审核评估、本科合格评估等一系列需要动态数据单的数据项且完全不同要求的任务。周处长知道，每次学校大规模动员来填报的数据与事实数据相差甚远，然而上级部门和专业认证机构并不愚蠢，所以要想填报和搞平即使有假的数据也并不容易。最让周处长为难的是，由于实验室使用信息的不对称，教务处将 4000 门具有实验内容的课程给到学院时，需要 15 个二级学院每个学院 4 名工作人员连续工作 2 周才能将实验课排好，这就带来了问题：

第一，理实一体课中，学校永远不知道哪些资源由于学院已经排了实验而将教室释放了出来。第二，教务处检查教务质量的时候，除非找学院的教学秘书，否则永远找不到实际实验上课地址，而教学秘书遇到教学事故时总是为本院教师打马虎眼。第三，学校永远不知道实验室教师的工作量，到底是按照小班上实验课，严格按照实验项目和实验卡片内容精细化培养，还是大班放羊。第四，按照培养目标，实验课应该在理论课前优先选择排课时间，然而由于技术不允许，事实上实验课总是在最不好的时间上。第五，按照目前的排课模式，能保证课程和教师、实验室不冲突已非易事，而那些重修的、选课的是否冲突并不清楚。

周处长用了 10 年时间，逐步完成了全校的实验室和大型仪器的智能共享，使用物联网手段，对全校的 600 间教学实验室通过门禁、摄像头、大型仪器控制器、考勤机、RFID、二维码等手段实现管理和控制。为此，他亲自按照教育部的七张基础报表制作出学院间的 8 个考核数学模型，自动导出数据并可视化地展现出来。通过上述努力，等到周处长退休的时候，就可以解决上述 5 个问题。最让周处长得意的是，他将教育部、学科评估等所有考核文件的名词挑选出来，由物联网和算法自动得出审查机构需要的数据，并且能及时追溯到每个数据发生的物联网收集的动作现场。

周处长退休的时候，连续 3 年 7 场检查，让 A 大学获得审查机构的一致好评，A 大学再也没有出现"迎评难题"。周处长退休了，可是留给他的还有几个遗憾：

第一，无论作为教务处副处长还是实管处处长，周处长知道除了检查和强制，他 10 年的工作根本没有集中到本应集中精力的学生和教师的本体，数据是得到了，10 年间实验室使用率也由 8.5% 上升到 45%，然而向教育部上报时，还是不得已"处理一下数据"，处理的原因在于，事实上如何激励学院和学生进入实验室，转变以管理为中心到以教学为中心，精力不济。

第二，全校 15 个学院学科相似度不高，因此实验室的使用率并没有可比性。周处长之所以能够用物联网强制手段收集数据，并分配教学经费，完全是因为全校都知道他公正无私、对各个专业都熟悉。即使这样，周教授还要应付很多教师由于评价不高而迁怒于物联网设备的情况。

上述实际案例，代表了本科实践教学的普遍困惑，周处长算是在1000所大学中少有的能将这件事推动下去并取得成效的处长，然而他退休以后是否还能坚持，他并不能确认。事实上，这样的系统在全国200多所高校中逐渐上线，全部使用率基本不到20%，下线率却达到40%。"处长们"遇到的难题有两个。

第一，信息不对称。教育部希望通过填报系统得到各学校的实验室数据，各个评估希望得到综合评价指标所需要的细节指标，为了指标准确，在信息不对称方面花费巨大：检查、填报、评估、物联网、专家，然而每增加一种措施，信息干扰和失真的可能性就更大。全国1000所本科院校向教育部上报的实验室使用率不会低于85%，但如果用物联网手段检测，不会高于15%，即使用了物联网手段，系统上线一段时间以后，基层单位由于比上级单位更加了解实际情况，总有办法将使用率调高。再加上各个学科专业性不同，这种信息不对称会造成啼笑皆非的情况。例如，一所学院某个实验室使用率奇高，原因在于每天早操的时候本科学院发现让学生用实验考勤机刷卡可以大幅度提高实验室使用率。

第二，激励不相容。处长们总希望用强制手段和行政命令获取真实的学院与学生资源使用的数据，然而随着评估力度越来越大，学院就更倾向于不上报或者上传真实的个体信息。有了物联网数据后，虽然造假的难度提高，但干扰因素也在增加。系统上线过程历时漫长，各个处室和学院以种种借口拒绝共享数据和使系统无法运行的冲动造成IT开发与实践举步维艰。

2017年，周处长退休，学校由于获得双一流学科和7个A类学科而将精力重点放在"双一流"建设上，新上任的王处长主管这件事情。与周处长的经验丰富和德高望重相比，王处长只有38岁，学科是计算机，也非著名教授，他面临着另外的难题。

第一,由于国家逐步重视实践环节和教学,王处长作了一番调研,发现学校实验课不仅在资源的优先级上让位于理论课,而且更让他大吃一惊的是,近30年来,学校从来没有一个学生因为实验课不及格、重修、补考,实验教师甚至从来没有得到过任何教学奖励,流失严重。

第二,由于大学生创新和跨学科培养成为趋势,学校的创新学院落在工程训练中心。工程训练中心牵头创新指导发现,系统根本无法支撑全校的轮转排课、教学引导和学生判冲。王处长接到学校要转型为全选课模式的通知,势必需要落实到各个学院甚至实验室、工位,实现资源的开放与利用。

第三,王处长只是一个副处长,按照前任资源共享的智能实验室去分配资源和激烈考核,各个学院并不买账。

第四,目前各个学院使用的资源更多的是虚拟计算资源,这些资源往往以软件、虚拟机、数据库、计算节点存在,原先的以实验室门禁和大型仪器刷卡为核心的管控方式并不能得到学院用户的真实信息,尤其是对于经济管理学院、文学院、理学院、外语学院等学院。

二 技术的可能之道

王处长困惑的时候,发现正在泡沫期的区块链技术也许能给自己提供一些思路。虽然区块链技术已有泡沫,但身为计算机专业的博士,王处长知道有价值的东西随着泡沫期的结束会按照盖洛普技术炒作曲线有一个稳定的成长期。与其他新技术一样,王处长发现区块链技术在金融、电商、电信、软件服务业等已经有了很好的研究和案例,教育界却鲜有人提起,不是教育界不需要新技术,而是教育界的专业性太强、门槛太高,新技术总是姗姗来迟。王处长在计算机学院的帮助下,继承了周处长的系统资源,进行了如下设计。

第一，在网络架构上作出调整，由原来的集中信息办模式改成分布模式，在每个学院的服务器、物联网服务器、前置机、物联网网关和虚拟机里增加了哈希函数、非对称算法、链式结构等验证性和安全性的设置，能够更加准确地掌握信息，同时也增强了大家的信任感。

第二，去除由学校统一数据库计算各个学院实验室使用率的中心模式，用学院间和实验室间的 P2P 网络形成无中心化的传播机制与验证机制。

第三，建立学院主体和实验室主体甚至学生主体间的共识机制与技术手段，将成熟的算法嵌入计算节点。

第四，按照学校的总资产额换算成每年的租金，再将租金中能够开发给全校跨院使用的实验室和仪器设备换算成时间货币，按照类似比特币的发行方式，发行部分数字货币，数字货币的发行量按照学校能够释放的资源自动计算。实验室管理处从管理部门转变成具有部分类似央行职能的部门。

第五，通过试点学院的脚本代码、算法机制、职能合约，建立实验室资源的院间和实验室间的交换体系。

第六，鼓励各学院按照自己的需求，个性化提出应用需求和软件，在上述基础上进行二次开发，获取学院和学生的"挖矿"权限。

上述方法中，王处长在系统软件和使用习惯方面并没有推翻周处长的基础，只不过在分配机制上去掉了中心节点，现在看来自己威信不高反而是好事。原来分配蛋糕无论如何公平，总是有人不满意，现在采用的机制设计理论的分蛋糕的人之间分蛋糕和选蛋糕机制错位，矛盾焦点没有集中到实验室管理处，而实验室管理处用释放资源数字货币统一的模式进行分配也比较公平。另外，通过实验室管理处与各个学院集中于教学为中心的资源讨论和共识形成，反而将实验室管理处的工作中心由资源分配转向了教育。

三 区块链技术下的教育价值

王处长在研究了当下区块链的案例和趋势后，用比较冷静的技术思维来看待自己所做的事情，并对区块链所造成的可能风险进行防范，且没有完全照搬区块链的全部内容，而是新系统完全兼容老系统，以防止区块链所带来的隐性成本和事实上的中心化趋势。王处长要解决的也是学院和学校间、学生和教师间的信息不对称与激励不相容问题，通过让学生选课、预约来"挖矿"获取行为学分，让学习者被动学习变成主动"挖矿"；以结构为中心计划、布局、规划、专业、经费、招生、大纲、评价；实验室管理处和教务处从原来的资源分配者变成"央行"，解决了切蛋糕问题，同时这个标准的确立，实现了对自身处室员工和继任者们资源管理者变成效益寻租者的倾向，使用看不见的手（不动点）左右交易价值，节省经济成本，减少道德成本。

在管理模型和机制由集权制发展成为分布制以及从管理职能转向教学支持职能后，最应该考虑的是教育和核心价值到底是什么。王处长作了初步的设想：

学校的价值在于输入品牌和无形资产以及附带的由资产延伸出来的服务价值，如果不考虑科研因素，学校输出的是学生，学校的价值是学生的增值。当然，面对未来10～30年的增值区间，学校的策略也许不同，但如果今后的管理由于技术的发达而逐渐扁平，学校应该集中于自己的核心价值，而这种价值的计算在于资源的服务化、数字化，和聚集学生增值的数字资产化。教育比起其他行业是慢一些、保守和严肃一些，但在技术和趋势一定的情况下，学校要早作准备。

学生的价值在于面对未来劳动力，而这种价值是通过学校的资源、活动、评价进行增值的。学生价值可以通过对学生实体校园和虚拟资源的活动、资源过程的遍历、评价的结果进行全过程考核，那么学生用活动在学分银行"挖矿"获得自己的行为货币就成为可能。

实验室管理员和二级学院用教育资源的标定价值和信息开放大道最大的共享来获取或者交换资源以实现考评，在激励措施方面需要更多的探讨，通过这种探讨更加明确基层教育的价值。

学校捐助人和投资人，通过实体教育资源换取品牌和及时评价，通过更加贴近教育的品牌植入性的学习过程获取品牌与更加清楚的投入和产出，并且这种投入和产出可以通过应用层的个性化定制反映出来；学校及用人单位不仅关注到学生现在的价值，还会通过透明和安全的过程信息得到学生的未来价值和潜质。

大数据教育的
精细误区

小孩子拿最后的一分比拿前面的99分都难,要花更多的时间、精力去拿最后没有深度价值的一分是不值得的。——李政道

2008 年夏天,李政道又一次回到母校苏州十中,谈到中学教育时对时任校长柳袁照说了一番话。李政道说:"当年父亲对我的成绩要求是必须过 80 分,于是自己几乎每门课都在 81 分到 82 分。我如果用 100% 的力气拿到 100

分，就没有时间干其他事情了。"李政道感谢父亲只要求自己考 80 分，让他课余时间读了很多闲书，为后面的研究打下良好的基础，他进一步提出，中国的基础教育目前太强调高分，都去考 100 分，反而会造成学生基础薄弱，后劲很小。

2018 年，一场江苏整个教育界都震惊的讨论震撼了江苏省高层领导，由省委省政府牵头展开了对江苏高考制度的反思，其中很重要的一个核心议题就是江苏高考分数总分为 480 分，1 分之差会有 1200 个考生，这种情况下学生当然会为 1 分拼命。

上述事情的背后并不简单。由于现代教育并非诞生于中国，因此我们没有继承完整的现代评级逻辑，如果有人问为什么有的是 5 分制，有的是 4 分制，有的是百分制，可能绝大多数校长和教育工作者都不曾仔细考虑过这个问题。

百分制是一种间距数据，也是一种比例数据。说间距数据容易理解，百分制以 1 分甚至 0.5 分为间距，它与 4 分制的最大区别在于有绝对零点的分数，也就是你考试一道题也答不出来，就是 0 分。在百分制体系中，20 分当然比零分好。但 4 分制不这么认为，4 分制认为没有达到百分制的 60 分（不同的 4 分制有所不同），就是 0 分。4 分制为什么这样认为呢？我们可以考虑一种简单的算法，那就是如果百分制都是四选一的选择题，0 分和 25 分确实没有什么区别，都是闭着眼睛答的。在百分制体系中，50 分是 100 分的一半，在 4 分制体系中，它们没有可比性。在数学上，4 分制所代表的间距数据有一个规则，只能相加，乘除没有现实意义。

李政道的父亲不愧是高材生，他不仅看透了百分制的问题，更重要的是没有对李政道实行 4 分制，按照李政道的描述，80 分就是满分，他的父亲按照 3 分制为他定分。在足球的 3 分制中，输球 0 分，平局 1 分，赢球 3 分，显然李政道的 81 分已经是满分 3 分。

为什么全世界那么多学校采用的评分方法都不一样,原因在于其体现出的最初的设计思想是不一样的。美国华盛顿大学工程学院采用的是另一套打分思维。华盛顿大学工程学院每届会有4000个学生,每年三个学期,每学期有2~3次期中考试。一门计算机课程分为5个模块——讲座、作业、程序、实验、考试,其中讲座400人一个班,以签到为标准满分,而考试基本上按照4分计算,但到了实验课和程序课,每个小组不超过20个人,却以百分计算。华盛顿大学考试采用的是间距数据,而实验采用的是比例数据。考核越细代表越重视,重视实验、用实验而不是考试来考核学生是美国名校的普遍特点。

学生培养是复杂的,需要设计,而考核就是设计最终和最直观的表现。不同的学校对学生的考核方式不一样,体现的设计思路也不一样。如果我们天天提全面培养人、素质教育,却将全部的考核集中在考试,甚至过程性评价精细到课堂上的每一个动作,那么培养出来的人适应的是什么样的未来呢?智慧课堂、大数据教育的最常见误区之一就是在没有设计的基础上进行精细化管理,抓了芝麻,却丢了西瓜。

信息化教器无形

"信息文明化"与教育信息化

第一个提出"信息化"这个词汇的,是一位名叫梅棹忠夫的日本民族学家,他通过研究世界和日本民族史,进而在1963年提出"信息化"(informatization),并撰写了一本最早的研究信息产业的书——《论信息产业》。梅棹忠夫对信息化有一个定义绝对是来自文明的启示——"信息化是指通信现代化、计算机化和行为合理化的总称"。

与汉语类似,英语的信息化、文明等的词根,也具有"行为一致"的含义。文明(civilization)含有城邦行为规范的含义。

控制论的奠基人维纳说:"信息既不是物质,也不是能量,信息就是信息。"与文明一样,信息是原始的原生变量,并不依赖技术工具而存在,如我说一句话,通过话筒传播到你的耳朵里,话筒是工具,但是我说的话本身,一旦说了,如果技术允许,或许早已充满整个世界,并不因为话筒不在它就没有出现在你身边。工具可以促进信息的发掘和利用,但信息无处不在,就"弥漫在我们身边",于是有一个词汇叫"全息"。那么,计算机、多媒体、网络、微课、无纸化教学等现代化教育手段是工具的话,什么又是"你方唱罢我登场"过后不变的"信息文明"呢?掌握和统一"信息文明"的行为规范后,什么又是不同信息个体真正存在的"标签"呢?

如果从教育信息化来看,"信息文明"带来的对传统教育"土化"的冲击,其"行为规范"需要我们适应新形势的"一致性"有以下几个方面:离散连接、业务聚集、正和游戏。

离散连接:虽然量子力学被发现已过百年,微观的"离散连接"应用到计算机行业也超过60年,然而人类的思维还是受到宏观的"机械连接"的巨大影响。随着信息化将地球的数十亿个个体和更多的物联网节点连接起来,人类社会的组织方式更加朝着容易理解的"量子态"的方向发展。事实上,机械文明集中的授课、教育、节奏模式是特例,就像牛顿力学是微观世界组织成高度有序宏观结构后的特例一样,"信息文明"需要人们尤其是源自机械时代的传统教育机构和教育工作者从心底认同离散连接。从理念层的社群学习、去中心化、平等、自由、休闲,到技术层的区块链、社交网络、大数据、信誉计算,原本人们认为将大家连接在一起的是机械,而在新的"文明"的情况下发现将大家连接在一起的是"作用力",是信息的作用力。离散是自然界的常态,而连接却是作为人的追求。离散连接后的教育,人们愿意为一种更加方便的连接付出十倍、百倍的成本,而这种成本在传统学校既没有这种机会,也没有可能。人们愿意付出更高的代价去学习更特殊的本领,愿意找到兴趣一致的人群一起做更小众的事情,每个学生要找到全世界最适合自己的教师,而更多的教师需要找到自己最擅长教的学生。学校不会因为网路普及而消失,却会因为没有定位而衰落。

业务聚集:1975年,《商业周刊》预测1980年美国社会就会进入一个"无纸化"社会,而事实上,在此后的32年间,美国的办公用纸量成为历史上增加最快的年代。直到2007年,在智能手机大规模普及的同一年,美国办公用纸量达到顶峰并从此逐渐下降。屡次预测的失败源于研究计算机的人对于"纸业务"的预测失败:从事IT和白领人数的大规模增加大幅度增加了纸的用量,直到智能手机及其方便的软件出现。总有文章说教育信息化的核心是教育情怀、教育理念,然而这些话跟没说一样,关键的问题在于高度信息化和高度智能化后的未来教育,只有明确学生在哪儿,教师在哪儿,信息在哪儿,才能预测教育在哪儿。

"现代教育中心"是中国教育信息化出现20年左右后炙手可热的一个部门,似乎代表了先进教育,然而今天的这个部门往往是学校、教育局最难处理的部门。后来,"信息办"或者"信息中心"的出现又似乎向技术露出一丝曙光。客观地说,无论是现代教育还是信息化教育,改变教师非常难,绝大多数大学教师如果离开多媒体授课,其教学效果会大打折扣,而离开了网络,中小学教师的备课也会广受影响。然而,技术带来的进步并不能掩盖技术标准化后"技术部门边缘化"的现状,原因在于,学校中的主体学生的聚集方式并没有发生根本变化:他们随课堂而聚散,随中高考而聚散。而我们并没有针对或者有能力改观这种聚散模式的信息化。这就是启示,"现代教育中心"还真的是一个后勤部门,而一个后勤部门推动的改革,失败大多与信息化难做是等价的。信息化教育需要忘掉自己,要深刻理解学校的业务模式并贴近骨子里的业务预期方能做好。

正和游戏:连续10多年,我作为指导教师,带领学生支教团队参加了各种各样的支教活动,从最早的上海大学生社会实践,到团市委青年志愿者,再到和光计划、"互联网+"计划,不少学生还因此获了奖、保了研。我记忆中最深刻的一次是,一个学生团队拿着包括我和市政府给的资助经费非常认真地联系到一所学校,结果一共20天的支教活动,只在学校待了不到一天,其他时间用来接受电视台采访、当地政府宴请、当地媒体采访以及整理资料,第二年那个被支教学校的校长对我说,以后别来了,接待不了。这个学生后来因此保了研。后来,我们有一次平心静气的谈话,我告诉他,"你用政府和资助教师的资金以及被资助学校的一场配合演出,换取了所谓的业绩以及当地贫困地区政府的吃喝机会，而整体社会效益完全是负的"。第二年，和光计划的学生希望资助，我告诉他们"好的产品会说话"，于是诞生了他们的互联网支教模式。然而，目前的互联网支教模式似乎也是阶段产品，很热闹的千人课堂、万人课堂，依然还是靠比较有"政绩观"的互联网教师"走穴支教"。我在想，如果没有国家的示范支持，仅仅靠互联网教育的正向迭代作用，农村的学校真正能够受用吗？在新一轮学生支教活动中，我给学生明确下达了一个任务：如果支教者没有从被支教者那里直接得到收益，且被支教者能够持续获得的收益并不是离开家乡而是建设家乡，这样的信息化或者互联网教育才是成功的。

每年，国家有关部门会评审出"信息化教育示范项目"优秀奖，我总是拿这些奖和这些学校的教学效果进行对比，结果发现几乎毫无关系。信息化教育的奖项几乎不是由教务部门主导评选的，而信息化的技术工程师们在自说自话，这只会造成这个部门和行业的衰落。我自己也有几个公司，每年有几百个大学项目，发现真正信息化做得好、愿意做的，基本上是好的学校、好的专业和贴近业务的真实需求，在专业选项上，一般来说医学、药学、护理、机械、材料、化工类的专业进行信息化建设的成功率极高。分析原因其实非常简单：工业化程度高的信息化就有基础，专业话语权强的信息化就容易成功。如果说"信息化"示范项目从比较好的学科和科研中再选择信息化具有特点的单位进行支持或者表彰，那么信息化就不会和业务形成两张皮。

"多用道，少用器，道通而器成；多用器，少用道，器通而道废。""信息是一种文明"到今天似乎不会有太多的疑义，然而掌握信息文明的"教育土著"，归化的结果却不是"信息技术器件"所能想到的。马云的淘宝、马化腾的微信都是信息化，好的产品会说话，但是人人掌握之后，在淘宝上买什么、发什么却不是马云能够左右的。与B2C和C2C不同的是，教育信息化有政府的参与、学校的参与、家长的参与，学生的说话权不受重视是由教育特点决定的，这就需要教育信息化从业者、管理者、从教者更加贴近"教育之道"，而不是"技术之器"。

教育信息化分成几个层面：学习信息化，从2012年出现的在线教育热潮开始，互联网教育的产品越来越好，中国也诞生了世界上最大的互联网教育公司；管理信息化，智慧校园体现的更多的是管理者的想象和管控，效果一直不好；教师信息化，教育的真正主体在这方面最弱，如何支持教师的活动，如备课、排课、做实验、成绩管理、师生管理、教室管理、实验室管理、办公室管理、科研管理，几乎没有较成熟的模式和贴近的产品。然而，正如文明的主体是市民一样，教育信息文明的主体是谁？我想第一是教师，第二是学生，其他逐渐退居后台。人的成长的结构化造就教育的结构化，而在注定了学校教育结构化的前提下，教育信息化之道应该是教师之道、学生之道。

教育信息化甲方的"九条军规"

一个"双一流"高校的数百万软件和物联网合同签约后，做了10多年校信息办主任的老师把我找过去说："还有一笔经费，希望做好一年后的服务预算。"他说："我知道这个系统极其复杂，你不要指望年薪30万以下的人能够做好这件事。"

这么多年服务于高校信息化，我还是被这位老师感动了。2017年年底，国家招标办法出现重大改变，从法理上否定了最低价中标的理论基础，然而被不专业且振振有词的道德绑架式的管理耽误的"工匠文化"让我们损失太大。2018年，中美贸易大战中兴芯片事件再次敲响警钟，如果再不鼓励"高质高价"的甲方文化，总停留在"物美价廉"和"性能价格比"这样的浅层次、简单粗暴的管理上，看似庞大的科技和教育就会变得不堪一击。

"道德绑架""行政至上""浅层思维"在教育部门尤为明显，这也是虽然叫了多年教育信息化、智能化、智慧化，但效果还很差的原因。相比钢铁企业、汽车工业、电子政务、电子商务，教育行业不但没有对其他行业有新的应用示范和促进，而且基本上落后10年。我做过企业信息化、电子政务和电子商务，但在教育领域中做得最长，在甲方这件事情上，不同行业有着共同的特点，相比起来，以下20个坑是教育甲方最容易出现的"行业特征"。

1. 这件事需要请示领导，具体需求你们问任课教师。
2. 你既要按照合同做，也要按照教师的实际要求做。
3. 我希望你这套软件能够起到规范我们审批流程的作用。
4. 我们原来没有系统，为了防止信息孤岛，想把共享库和需求彻底搞清楚，一次到位。
5. 我们处长又换了，等新处长来听听他的新想法；我们的两个领导有不同意见。
6. 我们学校有10个系统，都是不通的孤岛，希望你们的系统打通这些孤岛。
7. 教育部（厅）推荐了一家公司，你们要和他们对接。
8. 你们做咨询和规划，将来软件让你们做，硬件我们自己采购。
9. 我们领导希望在办公室能够看到全校每个……
10. 我们是公办院校，投标时一定（不要）是最低价（最高价）。
11. 需求还没想好，先随便写写把预算花完，合同下来再仔细研究。
12. 我们没有倾向，好好准备材料，评标现场专家说了算。
13. 我们有个计算机学院，学校系统是教授带几个学生开发的；这么简单的系统，我们计算机学院教授带学生一个星期就能开发出来。
14. 我们是很认真敬业的，那家公司只用了7万块钱5个人陪了我们2年开发。
15. 这件事情你们认真一点虽然不挣钱，做好了我们的系统名气就出来了。
16. 我怎么知道你们需要24个人，要不这么吧，你们2个开发人员在我们现场开发。
17. 我安排好了，你们把系统演示一遍，各个学院教师集思广益。
18. 验收会上有教师不同意，他提了自己的新想法。

19. 领导出差了，等他回来再定验收时间。

20. 我们需要 5 年免费维护期。

那么，如何当好教育甲方呢？我总结自己 15 年来做过的超过 2000 个大大小小的项目，从乙方和评标验收专家的角度总结出下面"九条军规"供大家参考。

一 教育系统的标杆原则

教育信息化是为教育服务的，教育系统与学习系统最大的不同在于教育具有"强制性"，而网络上的各种外语学习系统是"自施压系统"。自施压学习系统的一个特点是自我激励和忽视环境因素，一般用于自我学习，而竺可桢带领学生徒步几千公里的学习虽然艰苦，但对于普通老百姓来说，教育环境还是奢侈的和充满仪式感的。教育信息化与校园环境一样，是树立学生实体空间和虚拟空间仪式感的重要强制因素，因此教育信息系统要有标杆性，要能代表未来 10 年、20 年、30 年的生产生活方式。在理念上，这一点我们并不缺乏，如智慧校园、智能系统、美丽校园以及其他教育理论，都在试图代表未来方向，理念的先导性是教育的一个特点，然而理念如果没有实体作为证据支撑的话，会带给孩子们虚假的、不落地的教育积累。如果说教育是改变世界的信息模板，需要校园美丽、建筑物充满设计感、教室充满创意、家具质量上乘环保、厕所需要手纸等细节支撑的话，那么学校的信息系统需要的则是比现实社会更加平等、自由、开放、便捷的环境。对于信息化建设来说，也许页面、软件开发语言等很重要，但更重要的则是通过信息化反映未来的教育模式。设想一下，我们绝大多数教育界的 OA 在与信息化做反趋势的活动：现实中每一所大学的 1000 名教师和中学的 100 名教师都可以去校长办公室找校长也不会被保安赶出行政楼，而我们绝大多数信息化系统却经常用 40% 的精力做吃力不讨好的让教师在网上找不到校长的所谓"流程审批"。

代表未来教育的信息系统、智慧校园的失败率是很高的，这就需要教育信息化决策者用更高的标准、更务实的手法，用选择校园设计师的眼光、用选择家具材料的审慎、用选择教学楼百年不倒的责任心进行信息基础设施和软件的开发、服务、产品的选择，这既要经得起历史考验，又要代表未来和科技。

二　信息化的一把手原则

上述的教育信息化的甲方有很多问题是关于甲方责任的。过去在信息化上有一个"一把手原则"，很多人将其解读为单位的一把手，其实是一个很大的误区。教育信息系统失败率更高、系统更落后的原因在于，相比其他高效运转的行业系统，教育系统授权体系更差。如果将一把手原则理解成"充分授权原则"，就比较容易操作。

例如，"处长不在""有的领导有新想法""计算机学院教授带领学生来做系统""让教师集思广益""专家说了算""不能只按照合同去开发"等，这些都是没有充分授权而带来的负面清单，其恶果就是形成不了教育信息化的组织行为，一旦没有组织一致的信息视角、信息目标和信息步骤，信息化的失败是必然的。做好教育甲方，需要信息化负责人从业务的角度看待软件和解决方案，担当起充分的甲方全权代表，背后的工作自己做而不要推卸给乙方，事实上信息化失败的多数原因在于甲方。

三　信息化的循序渐进原则

由于信息化项目失败率极高，因此作出信息化决策就要更加小心，在此背景下，被很多不明就里的非专业人士忽悠的所谓"一步到位""整体规划""标准先行"花费大量精力。事实上，一个10年以上的教育机构，如果没有"线下的信息化"是不可能平稳运行的。线下的信息化包含纸质审批、公文系统、课表名单、实验等价、考勤点名、教师申报、上级文件等，而对于一个教育机构最成熟的学院和学科以及处室，其线下信息化一般更顺畅和明晰。教育信息化从哪里入手？从线下信息化最明晰的单位，即教务处、课程系统、主流的学院和主课入手。

把线下信息化搬到线上，是最容易成功的，但注意要有一定的灵活性，要高度还原现实校园活动。例如，现实校园规定校长审批，若校长不在，事实上书记也能审批，信息系统就应该让教师高度还原真实的情况。先从成熟的线下信息化入手，并不是排斥改革和新用的创新点。但是要掌握走一步看一步、点状创新的原则，"成功是成功之母"，在线下没有走通的信息化，线上要小进步，一个成功后再推进另一个项目。

四 甲乙方之间的生态原则

大概在10年前，上海的软件工程师的平均人月已经达到2万元以上，最近似乎达到3万元了。软件工程师的人月指的是一个工程师一个月的工作量。而多数教师不了解企业运行及其成本，一般会认为一个工程师一个月拿3万元太高了，并自然联想到自己的学生，其水平不如自己，毕业没两年工资怎么会这么高呢？

当真正了解企业运行规律后才会明白，一个人月3万的工程师，除去房租水电和公司销售管理成本，再去掉培训时间、公休假以及社保体系和税收，即使公司不赚钱，发到软件工程师手里的也就不到1万元了，而这样的工程师也很难成为成熟的工程师。

甲方乙方之间的生态还包含企业运行和持续服务的能力，以及带给学校的影响和文化。正如学校选择教师要"高质高价"是最简单的优化原则一样，选择供应商"高质高价"也是最节省的原则。

五　信息化评价的"数据原则"

信息化建设成败不好评估，领导、上级、资助方、使用教师、学生，每个角色的出发点不同，很难达成共识，但有一个原则却很有用，那就是"数据原则"。无论大家喜欢什么，凡是有利于数据的先上，有利于收集数据、处理数据、利用数据的，哪怕是零星和不系统的，甚至各自孤立的，将来总有技术手段能够整合起来，而将信息化的焦点集中在流程的，很难成功。

六　产品、服务、定制分类管理原则

各种系统虽然都称为信息化软件或硬件，但产品、服务、定制开发却具有完全不同的秉性，一般也由具有完全不同的企业文化的公司来承担。甄别和分类管理不同类别的信息乙方，需要甲方具有充分的经验和智慧，尤其是对于教育这种复杂和个性化的用户。

七　产品选择的复制原则

产品公司需要强势的文化、稳定的产品性能、易用的用户体验、大量用户的经验积累以及精练的人员队伍。其优点也是缺点，教育信息化要选择大量稳定和可拷贝的产品，但是很多学校选择教育系统供应商时都存在一个大误区，即赋予产品商不应有的个性化服务和开发定制需求。例如，前些年很多教育机构让电信、联想、微软做教育信息化开发的总包商，这些企业都是很有名的企业，但都是做大事的企业，员工身上都背有巨大的复制性的经营指标，这些项目表面上不会失败（因为产品公司很会逃避责任），但系统不好用、不能用是必然的。很多人第一直觉就是为什么教育系统政府采购招标的价格要远远高于市场价格，其原因在于你家买一台电视机无论安装还是出了问题要维修都是自己与厂商联系，而学校买的东西需要大量的服务，这些服务费用自然会转嫁到价格上。另外一个不为人知的细节就是同样型号的投影机在家庭中使用一年也不会超过 100 小时，而在学校则超过 1000 小时，有采购方突发奇想地按照类似型号在电商网站上买便宜的投影机，苦头后面自己吃。

八　服务选择的工作量原则

　　将产品与服务分开，可避免上述问题，但有另外一个问题，即将系统服务外包，很多人认为是为了节省费用。事实正好相反，正如家里使用钟点工事实上比女主人单位上班时间的收费更贵一样，使用钟点工的目的是让女主人集中精力做女主人专业的事，这是一种社会分工。信息化外包是很多学校逐渐采用的方式，然而很多学校犯的错误在于将信息化外包等同于后勤外包，用农民工的钱打发 IT 工程师，得罪"保姆"后果很严重，最轻的是隔几天"保姆"说不干了的安全风险和切换成本。服务的工作量要按照 IT 公司进行计算，才有可能让 IT 工程师做自己的事情，而更要考虑到由于服务规模的不经济性，要站在乙方角度考虑对方的收益问题。

九 开发定制的迭代原则

最难的是开发定制，开发定制最难的不是价格问题，往往乙方为了名声和案例可以接受甲方地域成本的开发费用，为此甲方往往沾沾自喜，隐患就此埋下。按照软件工程的逻辑，一个没有迭代和市场正向标准化的软件，开发结束意味着每年要付出相应的服务费，如果没有这个服务费，该软件就成为一个没有子版本传承的版本，巨大的风险就此产生，如果一个工程师离职，维护往往就成为不可能。如何解决这个问题呢？确实需要个性化定制，一定要谨慎而行，需要一个模块一个模块地渐次上线，成熟一个再推进下一个，确保上一个不再有问题。对于成熟的甲方来说，乙方的低价往往意味着不负责任。

每天都接触到中学的教师、大学的客户面对我疑惑的眼神："为什么市面的公司都不能开发出像微信一样成熟好用的产品呢？"我经常回答他们："即使腾讯也不能开发出你需要的系统，因为相对你的系统，微信的系统太简单了，更重要的是，网民的决策太简单了，而你的很复杂。"

复杂的教育，仅一个办法就能够做好：专业一点，做个专业的好甲方。

过程与个体视野下的学习评价

2017年"信息之美奖"最令人惊艳的一个获奖作品名叫"小概率事件",该作品用可视化的方法,描绘了纽约几乎所有乐队近15年的演出画像,在这个作品中,我们不仅能看到音乐排行榜,更能通过乐队的"行为画像",得知背后艰辛的"小概率成功"过程。

运用互联网思维的大数据理念对完全市场化的乐队进行形象地展示,给我们提供了一个前沿的模板,如果把乐队和歌手的成长道路当作一个学生,把一个著名的歌手当作一个成功的学生,那么我们从今天逐步成为热点的词汇——知识图谱、学习者分析、学生画像中,能得到哪些启示呢?

一 知识图谱替代教学大纲

在西方,即使有比较全面的教学大纲文化,"知识图谱"也正在逐渐代替大纲,这不仅象征着可视化技术的成熟以及展现,更代表了教学从控制变成过程管理,总体来讲,有两个变化值得关注。

1. 从大纲到图谱,是面向高度变化的知识变更时代的过程趋向,从知识点到知识领域表面上没有什么不同，实际上围绕知识点、关键词建立的图谱，将知识领域实验（实训）项目的创新体验更加紧密地关联起来。

2. 从大纲到图谱，更加体现了教育条件与装备输入模式向关系输入模式的转变，体现了由于知识爆炸，考核学校的大纲式关键 KPI 转向了教育资源的变化。

二　教育资源管理变成学习活动管理

信息充分发达以后，教育活动主题也从学校变成个体的学生，在同样的资源情况下，教育资源管理变化不仅是视角的变化，更是从目标管理到过程管理的本质性的变化。

无论如何变化，教育资源管理基本上有三大类型：首先是内容资源组织与管理；其次是训练模式管理；最后是包含教育交流模式的管理。所不同的是，"音乐排行榜类型的教育管理"更加关心评价体系的效率，而忽视了学习本身的信度、效度以及阈值。例如，教学活动包含的测验、考试、考勤等，用大数据表示，是不是学生都遍历一遍，就学好了呢？远程教育和成人教育之所以没有代替实体大学，是因为忽略了一个重要的因素，教学活动测验和考试、课堂和远程、实验室和虚拟等活动的强度是完全不同的，我们不能认为分数高、理论考试好就是学会、学好了。另外，也并不一定是所有学生都要走马观花走一遍，学习活动有些达到最低阈值就可以了，但有些却需要很大的强度。

三　个体的行为画像代替学校评价和分数等级

不同的教育排行榜有不同的结果，同一学生的画像，用人单位也有完全不同的结论，过去教育的评价是通过一个人的教育程度和分数来评价，这样就忽视了很多过程信息。例如，一个企业认为学习成绩很好的优等生相比付出很多努力最终结果却差不多的普通生，能体现出他们个体的潜质和透支程度，而另一个企业却认为一个一直具有稳定 GPA 成绩的学生，具有更高的可信度和稳定的工作交付能力。其实，报表、画像、分数都是一种评价，报表是为教育投资者使用的，画像是为用人单位提供依据的，而分数是让教师和学生有一个目标管理的依据。

甘蝇用空弓排课

信息价值观

排课是教育价值观的信息体现，这话不能说是我先说的，请看下面这篇小学四年级的古文。

甘蝇，古之善射者，彀弓而兽伏鸟下。弟子名飞卫，学射于甘蝇，而巧过其师。纪昌者，学射于飞卫。飞卫曰："尔先学不瞬，而后可言射矣。"纪昌三年后，虽锥末倒眦，而不瞬也。飞卫曰："视小如大，视微如著，而后告我。"昌以牦悬虱于牖，南面而望之。三年之后，如车轮焉。昌既尽卫之术，乃谋杀飞卫。相遇于野，二人交射，……既发，飞卫以棘刺之端扞之，而无差焉。于是二子泣而投弓，相拜于涂，请为父子，克臂以誓，不得告术于人。

故事讲的是《纪昌学箭》。师傅飞卫为他安排了三个实验项目：眼睛不眨、视小如大、留一手自卫。可惜，不知什么时候开始，本来很精彩的故事《甘蝇教射》变成了《纪昌学箭》，原本提倡实验项目和流程的故事变成了苦学的故事。

1988年年初，我在北京科技大学材料学院读本科，第二学期的材料实验期中考试，全班32位同学全部不及格。问题很简单，大家在做实验的时候，将两个不同小数点位数的试验相加，如 12.34+10.003，得出的数字是 22.343，而正确答案是 22.34，老师通过给全部同学不及格，让大家记住了工程学上一个至关重要的概念：公差位数。这不仅仅是一个小心不小心的问题，而是工程专业价值观和职业素养的问题，平时辅导员多么认真地培训职业素养，也不如老师的这一棒来得记忆深刻。就如飞卫教的最后一课，"不可告术于人"，才是排课系统最重要的东西。

美国华盛顿大学每年计算机专业的毕业生有数千人，每年大二、大三年级学生选计算机专业的学生也超过 2000，但只有不超过 500 人是幸运者。按说华盛顿大学的计算机授课大课都超过 400 人，很多课还可以网上上，为什么专业人员不能多加呢？原因就在于计算机的实验课不超过 20 人一个班，而答疑课一批仅 5 个人。为什么不把每节实验课的人数增加呢？这就是价值观的问题，网上学习可以，网上做实验可不行！举个例子，约翰老师在实验课上把学生刚刚做好的 JAVA 作业扔进自己的程序中，微笑着对这个学生说："You're fired"。屏幕上显示这个学生的作业中哪些代码是抄袭的，也意味着这个学生在这所学校不可能读计算机专业了。

大学里，实验课与理论课交互太多，每所大学的每个二级学院，一般都要两位专任排课员进行为期两周的排课才能把实验课排好。为什么实验课这么难排？小班化、实验仪器不够、分组协作需求、一对一指导要求、密切关联实验设备、工位、指导教师、软件环境，使得排课成为一个数学难题。教务排到教室的混合教学和排到实验室的课，一般都需要专门的实验排课系统进行二次排课才能到每个学生、每个小组、每台机器。这样一来冲突管理就极其复杂，用计算机管理系统来排，多数的情况没有解。

没有解也是无穷多个解。这个时候，是显示排课的价值观的时候。中国大学的多数排课系统是"管理第一"，也就是所有的排课以管理方便为价值函数。美国的排课多数是"资源第一"，将学生、教师、实验室和资源作为冲突条件，然后让学生选课。另外，节能也是一个重要的影响因素。

未来的排课，应该是"成长第一"，美国华盛顿大学等已经部分实现围绕学生成长规律所设定的作业时间考虑。在资源冲突的情况下，什么是边界条件，什么是目标函数，是体现一所学校教育价值观的试金石。

也许，未来的教师不必盯着学生去学，最重要的是空弓排课，我想起了约翰，指着学生的代码说"You're fired"。

后记 | 智能时代的教育智慧

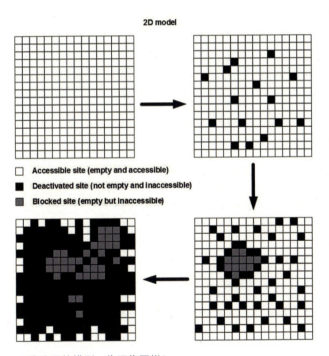

二维分子筛模型,像不像围棋?

2017 年是人工智能与围棋的热点年，当无数人正在关注围棋电脑大战围棋手柯洁时，家兄魏飞带领学生不声不响地完成了一篇化学论文，与大败顶级围棋高手不同的是，这一次是围棋的"气"与"眼"思维帮助化学家解决了大问题。

魏飞是清华大学教授，多年来，他在研究分子筛的一维、二维、三维的同与不同这个化学界难题时总是一筹莫展。这个问题也基本等效于凝聚态物理学的相变问题。1924 年，德国物理学博士 ISing 在帮助导师完成一篇一维模型（ISing）时发现并没有相变，他写完这篇论文拿到博士学位后就做别的事去了。作为犹太人，由于没有太出色的成就，他既没机会逃出去也没让纳粹当回事，他当过教师、校长、铁路工人和牧羊人，直到 60 岁退休那年（1947 年），自己都不认为自己是一个物理学家，但就在这一年，他被聘为加州伯克利大学的物理教授，原因是他开创了一个时代。此后，1952 年，杨振宁和李政道也是基于 ISing 的模型连发三篇论文，这三篇论文奠定了杨李二人的地位。早在那个时候，杨振宁已经发现相变和场论非常像中国的围棋，用离散数学能够更好地解释。杨振宁之后，人们不断研究一维、二维和三维的 ISing 模型，然而就像三体问题一样，ISing 模型只有特解，没有解析解。

魏飞也非常希望用离散的围棋的"死"与"活"来解决分子筛永远不能预测的通与不通的问题，当然围棋也是他作为中国人很早就能想到的。然而一直机缘不巧，直到 2017 年围棋大战热得不得了时，他的一位数学特别好的学生认为有可能将分子筛的离散问题解决。这位学生找来一个围棋高手，他们突破性地找到了一维、二维和三维情况下与围棋基本等效的分子筛失活的一些相关规律，并且用在部分准确的预测上的数值特解上。这篇文章发表在 *Catalysis Science & Technology* 上，并且是封面文章，几乎与柯洁败给围棋智能机器人是同一时间。

魏飞说，这正像给我们一个图像让我们判断这个人是不是美女很容易一样,美女是否美与人们按照海豚形状计算一个海豚形的汽车是否阻力小等问题可以用智能的机器计算替代,这叫人工智能。但计算机设计出来一个世界上最美的美女与设计出来一个世界上阻力最小的流线型汽车,并没有解析解或者该问题并不收敛,需要智慧,而智慧是隔行、跨行和离散的行为,需要人。

20世纪80年代初期,美国有一位身高1.96米的优秀女排运动员海曼和一位功勋卓著的排球教练塞林格,除此之外还有一套行之有效的"大数据"训练方法,这三个优势把没有优势的中国女排一度逼入绝境。然而,"智能优势"的美国女排还是没有比过"智慧优势"的中国女排,后者通过让全队采用灵活多变的战术,"智慧"地取得五连冠。

机器的厉害之处在于"智能",发现一种模式,能够批量地生产和迅速复制;人类的厉害之处在于"智慧",重视在跨界和毫不相关的专业领域通过灵感取得突破,而突破之前完全是无解和毫不相关的。例如,场论和统计力学在ISing之前是基本不相关的,量子力学和凝聚态物理在1950年之前是基本不相关的,围棋和物理学在杨振宁之前是不相关的,分子筛和围棋在魏飞团队之前也是不相关的。有界的人工智能需要无界的智慧将它们联系在一起,无关变成相关,正如公元200年前后中国人发现了负数,公元733年印度人发现了0,这些匪夷所思的、今天看来简单得不能再简单的数学,却是人类智慧的灵光一现。而人类的智慧,往往是在机器智能对人们似乎占有压倒性的优势的情况下,通过社会性涌现(出现性)出离散的不可预测的智慧,开创一个新的智能境界。

对于智慧一词,古印度的佛教为了区分"智能",专门用了一个宗教词汇"般若"来区分一般的智能和终极的聪明,于是今天才有了智慧一词。在佛教看来,智慧本来就是用作教育用途的,而智能是世俗用途,佛教中还出现了"三般若""五般若""六般若"的说法,这就是教化人的过程中的智慧和直接用力的"智能"的区别。

人工智能作为一系列技术,一旦界限明确,在界限范围内,人类是不可能战胜的。正如有了计算器，人类计算已经失灵了；有了蒸汽机，人类力气失灵了；有了阿尔法狗，棋手失灵了。但随着人类知识的边界越来越大，所需的人类智慧也越来越多。如果聚焦在教育领域，更需要人工智能时代的学校成为慧谷，学校的环境成为学习模式语言：不与机器斗速度，只和学生搞亲和，学校是一个知识的博物馆和迷宫，布满了知识、技能与体验的谶语；人工智能时代的教师，成为一个慧眼的使者，而人工智能时代的学生甩掉了更多机械性的大脑功能，集中精力聚焦于慧心，成为操纵机器而不是被机器操纵的智慧生物。

未来教育需要六种智慧：慧真、慧眼、慧敏、慧谷、慧根、慧心。

慧真："菩提本无树，明镜亦非台，本来无一物，何处惹尘埃。"教育是社会学，是人和人之间、人和物之间、人和真理之间的关系，贯穿在人与人、人与物、人与技术、人与空间中。基于教育概念的复杂性和跨界，我们可以说教育不存在，也可以从任何新技术中管窥教育。拉罗什富科说："最大的智慧存在于对事物价值的彻底了解之中。"真正的慧，明确教育只是一个经济学和社会学的集合概念，人工智能算法不仅深藏更深的教育学道理，也拓展了教育学的内涵和外延。群体智慧与网路神经、分布计算与社交网络、机器学习与教学模式、开源软件与概念，这些是人工智能的概念和算法，但拥有智慧的人可以将这些算法还原成教育学变量，掌握输入输出的新规律，就像发现数学上的零和负数一样，看待学生学习过程从教育经验迅速上升到教育科学，并打开更加广阔的教育空间。

慧眼：有经验的教师知道，学生开了窍，学习会突飞猛进。为什么呢？按照佛教智慧的说法，慧眼是有不同的境界的，站得越高，境界越高，所谓开窍也就是说教育是分层的，在某个层级再聪明的孩子也很难跨越另一个层级，更不用说和这个层级的机器比了。教育目的就是要让孩子有更高的视野。正如学生要经过小学、中学、大学的学习，也要经过专业学习，学习的目的不是为了和机器比速度，而是为了"开窍"，从这个角度说，计算机再厉害，数学还是要学，人工智能再厉害，围棋也是要学。作为教师，应该笃定地做好教师本职，不因贪恋过去而保守，也不用妄想未来而无所作为，当下明明白白、清清楚楚地做好教育就可以。学生的智慧是无穷尽的，好教师要培养的学生应是师之智，也叫作自然智，教师的智慧与人工智能的计算机系统和网络系统不同的是，将学生的智慧仓库打开而不是给学生智慧的粮食。未来的教师不但要教授学生学习方法，更应该教授学生判断准则，敬畏真理智慧的开端，认识真理便是聪明的表现，这一点是机器教不会的。作为教师，要有一双慧眼，能够看清未来社会发展的变量，未来的学生需要迅速、灵活、正确地理解和处理的能力，这就需要教育进阶和教师拥有站得高看得准的慧眼。

慧敏：教师光看得见不行，还要行得通。比起机器，人的特点是生命和时间有限，学生要敏于行，教师更要作表率。慧敏就是需要掌握事物的一般规律，能够用表现形式一通百通地解决问题，在一定境界的智慧后以巧破千金。在有限的时间内，教师不应该诱导自己和学生去读两个硕士、两个博士学位，而是应该触类旁通地走向更高的境界。

宋仁宗年间，欧阳修作为主考官碰到了考生苏东坡，苏东坡写下"尧三次赦免了被刚正不阿的皋陶要杀的人"用来证明宽厚执法的重要性。欧阳修质疑这个故事没有看过，苏东坡回答："《三国志·孔融传》中有。"欧阳修真的去翻看并没有找到，又去问，苏东坡回答："孔融看到曹操不羞耻夺人妻妾，就对曹操说纣王的爱妃妲己赐给了自己的弟弟周公，曹操问出处，孔融回答现在人干的缺德事，古人也一定应该有。"欧阳修听过恍然大悟，说苏东坡"骗得好，骗得好！"

苏东坡的慧敏固然了得，欧阳修的慧眼更是苏东坡成功的主要原因。未来的教师要勇于承认自己不知道，勇于承认比不过人工智能的"能"，而将精力放在智慧上，正如欧阳修，敏于行，克制师道自尊的劣根，宽容对待慧敏，拥有慧眼，还勇于承担压力。教育的慧敏就是要巧妙设计教育环境与谶语，要学习一般规律不变的本质上的东西，更加应该为学生设计异构化的知识，减少课时，优化结构，降低学制，终身学习。

慧谷：名校和家传使慧敏系统巧妙地藏于全息的教育空间中。我们经常讲的智慧所拥有的大雅若俗、大智若愚、深入浅出的特征，恰恰是"智能"不能给予学生的。爱默生说，智慧的可靠标志就是能够在平凡中发现奇迹。教师和学校要多用一听就懂的谶语，多用常识和类比，少用教育术语。教育藏于身边，藏于场景，藏于个体，藏于服务过程，甚至藏于错误。

慧根：技术发展很快，未来不可预知，教师如何面对现实呢？作为教师不要失去本体，不要过于夸大未来5年产生的变化，更不要忽略未来20年产生的革命。智是能断，慧是能解，教师要有笃定的本心，教师之所以能成为教师是因为能面对未知，教师要充分理解现实教育的存在性、过去教育的合理性，掌握未来教育的变量和走向，知行知止，符合现实，高于现实，教师和学校要面对未来10年的知识、未来20年的技能以及未来30年的体验。

慧心：人脑的进步速度远远落伍于芯片的摩尔定律，然而人却有深藏于体内的机械、电子、模拟、数字、量子、生物、分子、热力学规律的模式切换状态，每一次技术的进步，人类都能激发出远远没有发挥出来的藏于生命深处的智慧。虽然说生命和见识有崖，智慧无涯，但是生命的复杂性来源于环境的复杂性，并不是机械简单的人工智能可以随便替代的。基于以上考虑，坚守慧心要求教师守拙，也许我们在信息喧嚣的时代需要远离信息的课堂，为学生点上一盏安静的灯才能听见心跳。从更加复杂的知识加工过程来看，进化了亿万年的生物过程目前和将来很难用没有生物过程的电子态真正模拟，这也就是人的最终价值，也可能是人类超越机器的本质原因。而作为教师，无论是给自己还是给学生一个禅定，不仅需要智慧，也是作为生命的智能。

图书在版编目（CIP）数据

智能时代的教育智慧/魏忠著.—上海：华东师范大学出版社，2019
ISBN 978-7-5675-9071-7

Ⅰ.①智… Ⅱ.①魏… Ⅲ.①人工智能—影响—教育—研究 Ⅳ.① G4

中国版本图书馆 CIP 数据核字（2019）第 060421 号

大夏书系·教育新思考

智能时代的教育智慧

著　　者	魏　忠
策划编辑	朱永通
审读编辑	任媛媛
装帧设计	奇文云海·设计顾问
出版发行	华东师范大学出版社
社　　址	上海市中山北路 3663 号　邮编　200062
网　　址	www.ecnupress.com.cn
电　　话	021－60821666　行政传真　021－62572105
客服电话	021－62865537
邮购电话	021－62869887　地址　上海市中山北路3663号华东师范大学校内先锋路口
网　　店	http://hdsdcbs.tmall.com/
印 刷 者	北京鑫丰华彩印有限公司
开　　本	700×1000　16 开
插　　页	1
印　　张	15
字　　数	210 千字
版　　次	2019 年 7 月第一版
印　　次	2020 年 9 月第四次
印　　数	14 101－18 100
书　　号	ISBN 978－7－5675－9071－7/G·12004
定　　价	55.00 元
出版人	王　焰

（如发现本版图书有印订质量问题，请寄回本社市场部调换或电话 021-62865537 联系）